SLM-Schriftenreihe
Band 28

D1666284

Programmanalyse
der sächsischen Hörfunkveranstalter
Ergebnisbericht

Dr. Andreas Czaplicki

für die:
Sächsische Landesanstalt für privaten Rundfunk und neue Medien
Ferdinand-Lassalle-Straße 21
04109 Leipzig

vorgelegt von:
Dr. Andreas Czaplicki
uniQma-Forschungsberatung

30. April 2020

Fachmedien Recht und Wirtschaft I dfv Mediengruppe I Frankfurt am Main

Bibliografische Information der Deutschen Nationalbibliothek

Die Deutsche Nationalbibliothek verzeichnet diese Publikation in der Deutschen Nationalbibliografie; detaillierte bibliografische Daten sind im Internet über http://dnb.de abrufbar.

ISBN 978-3-8005-1806-7

Druck: WIRmachenDRUCK GmbH, Backnang

Printed in Germany

Inhaltsverzeichnis

Management Summary

Im Rahmen der Programmanalyse 2019 wurden 2.687 Sendestunden von 19 Sendern analysiert. Dabei sind 102.255 Beiträge (Wort, Musik, Werbung, Jingles) erfasst worden. Die zentralen Ergebnisse der Programmanalyse der sächsischen Hörfunksender lassen sich unter den folgenden neun Punkten zusammenfassen.

Kommerzielle Sender bringen hauptsächlich Musik, nichtkommerzielle bringen häufiger Wortbeiträge

Die kommerziellen Sender bestreiten drei Viertel ihrer Sendezeit mit Musik. Der Wortanteil beträgt 14 % der Sendedauer. Lässt man die Nachtstunden außen vor und beschränkt sich auf die Zeit von 05:00 bis 20:00 Uhr, so liegt der Wortanteil 18 %. Über den ganzen Tag betrachtet beträgt der Werbeanteil 7 %. Die übrigen 4 % der Sendezeit werden mit Jingles bestritten.

Bei den nichtkommerziellen Sendern ist der Wortanteil deutlich höher (27 % der Sendezeit). Die beiden untersuchten Hochschulradios verfolgen unterschiedliche Sendekonzepte: *99drei Radio Mittweida* orientiert sich in seinem Programmangebot eher an den kommerziellen Sendern (viel Musik, weniger Wort), *mephisto 97.6* ist eher vergleichbar mit den nichtkommerziellen Sendern.

Mehr Information als erwartet

In den Wortbeiträgen dominieren die Informationsbeiträge eindeutig. Bei kommerziellen Sendern sind auch Serviceinformationen wichtig (Wetter, Verkehr). Unterhaltungselemente und Moderationen nehmen weniger Sendezeit in Anspruch als man meint.

Kommerzielle Sender mit breitem Themenspektrum

Im Mittelpunkt steht eine Mischung aus Politik, privater Lebenswelt, Kultur und Sport. Die nichtkommerziellen Sender widmen sich stärker kulturellen Themen oder gesellschaftlichen Problemen.

Lokales ist sehr wichtig

Bei den kommerziellen Sendern haben 44 % der Wortbeiträge einen lokalen Bezug. Bei den nichtkommerziellen Sendern liegt der Anteil deutlich niedriger. Grund sind hier die zahlreichen Übernahmen von anderen freien Radios.

Viele Beiträge werden wiederholt

Etwa jeder zweite Informationsbeitrag in den kommerziellen Radios wird mehrfach am Tag gesendet. Das liegt vor allem an Nachrichtenmeldungen, die vielfach unverändert ausgestrahlt werden. Bei den nichtkommerziellen Sendern ist das kaum der Fall.

Werbung wird als Verbraucherhinweis ausgegeben

Einzelne Sender (*Radio WSW, Radio Lausitzwelle*) übernehmen Promotion-Beiträge, die sie als Verbraucherhinweise präsentieren, die tatsächlich aber vor allem werbliche Absichten verfolgen.

Nachrichten aus einem Topf

Die Übernahme von zugelieferten Nachrichtensendungen ist gängige Praxis bei mehreren Sendern. Auf den ersten Blick ist die Vielfalt dadurch nicht eingeschränkt, da die Nachrichtensendungen senderspezifisch konfektioniert werden. Ein Problem könnte man aber darin sehen, dass Nachrichten in unterschiedlichen Medien nur noch aus wenigen Quellen kommen.

Crossmediale Hinweise kommen oft

Fast alle Sender weisen auf ihre Angebote abseits des Programms hin (Webseiten, Apps), kommerzielle Sender tun dies häufiger als nichtkommerzielle.

Hörer im Programm: mehr Appelle als echte Beteiligung

Die allermeisten Sender fordern die Hörer häufig zur Interaktion auf (Anruf, Mail, WhatsApp). Die tatsächliche Hörerbeteiligung ist jedoch eher gering und beschränkt sich nahezu auf Verkehrs- und Blitzermeldungen oder Gewinnspiele.

1 Einführung

Der vorliegende Bericht stellt die Ergebnisse einer Programmanalyse von 19 sächsischen Radiosendern aus dem Jahr 2019 dar und setzt damit die 2015 von der Sächsischen Landesanstalt für privaten Rundfunk und neue Medien (SLM) veröffentlichte Programmanalyse fort. Ziel der Studie ist es in erster Linie, das Programmangebot kommerzieller UKW-Radioprogramme in Sachsen zu untersuchen und insbesondere das Wortprogramm zu analysieren. Zusätzlich zu den 14 kommerziellen Anbietern berücksichtigt die Studie aber auch drei nichtkommerzielle Sender und zwei Hochschulradios.

Für jeden der Sender wurden die Wort- und Musikanteile erfasst und ausgewiesen. Für Wortbeiträge wurden Beitragsformen, Themen, Themenherkunft, Themenorte, Beitragsherkunft, Wiederholungen und crossmediale Verknüpfungen ermittelt. In einem Zusatzmodul wurden Hörerfeedback, Hörerinteraktionen und Hörerinhalte analysiert. Ein zweites Zusatzmodul betraf die Lokalkompetenz des Programms bzw. dessen lokale Berichterstattung.

Im vorliegenden Berichtsband werden die zentralen Ergebnisse der durchgeführten Programmanalyse dargestellt.

Im vorliegenden Bericht wird zunächst der Untersuchungsansatz skizziert (Kapitel 2). Da es sich dabei um einen Mehrebenenansatz handelt und für die Analyse verschiedene Beitragsarten in unterschiedlicher Detailtiefe betrachtet werden, steht ein Überblick über das analysierte Sendematerial am Beginn der Ergebnisdarstellung (Kapitel 3.1). Zunächst werden zwei formale Merkmale betrachtet: Wiederholungen und Übernahmen von Fremdbeiträgen in den untersuchten Programmen (Kapitel 3.2). Den größten Umfang hat die Ergebnisdarstellung der inhaltlichen Merkmale der Berichterstattung. Zentraler Punkt ist hier die Bestimmung von Wortanteilen, Musikanteilen und Werbeanteilen der sächsischen Hörfunksender (Kapitel 3.3.1). Darüber hinaus gibt es detaillierte Analysen, etwa zu den Wort- und Informationsbeiträgen, den Themen der Berichterstattung sowie den crossmedialen Hinweisen. Umfangreich wird der Lokalbezug analysiert, wobei die Ortsnennungen in kartografischer Form dargestellt werden (Kapitel 3.3.8). Das als Zusatzmodul konzipierte Thema „Hörerbezug" schließt den Ergebnisteil ab (Kapitel 3.3.10).

Im vorliegenden Bericht werden die quantitativen Daten aus der formalen und inhaltlichen Programmanalyse hinsichtlich konkreter Fragestellungen strukturiert und die zentralen Kernergebnisse und Quantifizierungen dargestellt. An zahlreichen Stellen werden die Tabellen und Übersichten durch konkrete Beispiele ergänzt und anschaulich gemacht. Dennoch kann diese Studie dabei nur einen kursorischen Überblick geben und auch zahlreiche besonders interessante Programmpunkte können hier nicht ausführlicher gewürdigt werden. So fanden sich in den fast 2.400 ausgewerteten Programmstunden immer wieder Sendungen, die herausragten, weil ihre Formate ungewöhnlich und interessant sind oder die Sendung eine bemerkenswerte journalistische und organisatorische Leistung darstellt. Drei solcher Sendungen stellt Kapitel 4 am Ende des Berichts kurz vor.

2 Untersuchungsansatz

2.1 Methode: Quantitative Inhaltsanalyse

Um die Programme der sächsischen Hörfunksender zu untersuchen, wurden mittels einer quantitativen Inhaltsanalyse formale und inhaltliche Elemente erfasst. Dazu wurde ein Codebuch entwickelt, in dem definiert wurde, welche Merkmale (Kategorien) erfasst werden, welche Ausprägungen dieser Merkmale unterschieden werden und wie sich die einzelnen Ausprägungen voneinander unterscheiden. Die Kategorien wurden dabei so erfasst, dass sie nicht nur einzeln, sondern auch in Kombination analysiert werden können. Dabei muss darauf geachtet werden, dass die Merkmalsausprägungen trennscharf sind und eine eindeutige Zuordnung erlauben. Für Zweifelsfälle liefert das Codebuch eine Anweisung, wie im Sinne intersubjektiver Nachvollziehbarkeit zu verfahren ist.

Durch die Standardisierung der Inhaltsanalyse konnte eine große Menge an Medieninhalten erfasst und von geschulten Bearbeitern (Codierern) analysiert werden. Die Codierer hörten sich das Audiomaterial sorgfältig an und klassifizierten es anhand der zuvor festgelegten Inhalte der Sendungen und Beiträge auf Codebögen. Diese Codebögen wurden in einem Datensatz erfasst und mit Hilfe einer Analysesoftware ausgewertet.

2.2 Untersuchte Sender

Bei den untersuchten Sendern handelte es sich um folgende neun privat-kommerzielle UKW-Hörfunkwellen (inkl. 6 regionale Splits):

- *R.SA Sachsen,*

- *Radio PSR,*

- Sächsische Lokalsender des Sachsen-Funkpakets der BCS[1],

---

1 Ursprünglich von der Sächsischen Lokalrundfunk-Dienstleistungsprogramm GmbH & Co. Studiobetriebs KG (SLP) produziert, heute von der BCS Broadcast Sachsen GmbH & Co. KG; im Folgenden als Sachsen-Funkpaket bezeichnet.

- o *Radio Leipzig,*
- o *Radio Dresden,*
- o *Radio Chemnitz,*
- o *Radio Zwickau,*
- o *Radio Erzgebirge,*
- o *Radio Lausitz,*
- *HITRADIO RTL Sachsen,*
- *Energy Sachsen,*
- *Radio WSW,*
- *apollo radio))),*
- *Vogtlandradio* sowie
- *Radio Lausitzwelle.*

Das Programm der Sender des Sachsen-Funkpakets ist über weite Strecken identisch, unterscheidet sich aber bei den lokalen Nachrichtenmeldungen, Veranstaltungshinweisen u. ä. und in einer regionalen Magazinsendung („... am Nachmittag" von 13:50 bis 18:50 Uhr).

Hinzu kommen drei nichtkommerzielle Sender:

- *Radio Blau,*
- *Radio T* und
- *coloRadio.*

Diese Sender strahlen kein Vollprogramm aus und weisen einen deutlich geringeren Sendeumfang auf. Auch das Programmschema ist weniger festgelegt und variiert teilweise von Tag zu Tag oder von Woche zu Woche erheblich. Aufgrund des geringen Sendevolumens können einzelne Programminhalte hier in der Analyse stärker durchschlagen als bei einem Vollprogramm. So gab es beispielsweise am 6. November 2019 in den nichtkommerziellen Sendern einen ganzen „Tag des Feministischen Radios", dessen Inhalte sich in der Untersuchung niederschlugen. Aufgrund dieser starken Variation im Programm kann die Analyse die Programminhalte dieser Sender nur schlaglichtartig erhellen.

Radio T nimmt eine Zwischenstellung zwischen den nichtkommerziellen Radios und den Hochschulradios ein, da hier auch Sendungen der Hochschule ausgestrahlt werden. In den von uns untersuchten Tagen waren dies folgende Sendungen:

* „UNiCC on air" (Rund um den Campus & Chemnitz),
* „UNiCC Campus Charts" (Hitparade der Uni-Radios am Montag),
* „UNiCC Musikkästchen" (Musiksendung am Samstag) sowie
* „UNiCC Absolut Deutsch" (Deutschsprachige Popmusik am Sonntag).

Untersucht wurden zudem die folgenden beiden sächsischen Hochschulradios

* *mephisto 97.6* und
* *99drei Radio Mittweida.*

Hier gilt, was schon im Zusammenhang mit den nichtkommerziellen Sendern dargestellt wurde, denn auch hier sind die Programmschemata nicht so festgelegt wie bei den kommerziellen Vollprogrammen.

2.3 Untersuchungszeitraum

Der Untersuchungszeitraum umfasst alle Tage der Woche. Hierzu wurde eine sogenannte ‚künstliche Woche' gebildet, bei der sich die Sendetage über einen größeren Zeitraum erstrecken. Folgende Tage gingen in die Untersuchung ein:

* Montag, 21. Oktober 2019,
* Dienstag, 29. Oktober 2019,
* Mittwoch, 6. November 2019,
* Donnerstag, 14. November 2019,
* Freitag, 22. November 2019,
* Sonnabend, 30. November 2019 und
* Sonntag, 27. Oktober 2019.

7

Indem sich die Untersuchung einer künstlichen Woche auf einen größeren Zeitraum erstreckte, wurde die Gefahr minimiert, dass die Analyse durch untypische Zeiträume (z. B. das ‚Sommerloch') oder aktuelle Ereignisse, die die Berichterstattung kurzfristig dominieren, verzerrt wird.

Die Audiomitschnitte wurden von den Veranstaltern auf einem passwortgeschützten FTP-Server zur Verfügung gestellt. In Ausnahmefällen versendeten Veranstalter ihre Mitschnitte durch Übertragungsplattformen (z. B. WeTransfer.com). Die Bereitstellung der angeforderten Mitschnitte durch die Sender funktionierte insgesamt gut, lediglich in zwei Fällen musste auf Ersatztage ausgewichen werden:

- *apollo radio)))* teilte am 4. Dezember 2019 mit, dass der Mitschnittserver nicht funktioniert habe und daher keine Mitschnitte zur Verfügung gestellt werden können. Ersatzweise wurden deswegen für *apollo radio)))* die Untersuchungstage vom 5. Dezember 2019 (Donnerstag) bis 11. Dezember 2019 (Mittwoch) untersucht. Die untersuchten Tage entsprachen dem üblichen Sendeschema. Anhaltspunkte dafür, dass die vorherige Kenntnis des Untersuchungszeitraums zu einer Veränderung in der Berichterstattung geführt hat, gab es nicht. Die untersuchten Sendetage geben damit einen gültigen Überblick über die Struktur der Berichterstattung bei *apollo radio)))*.

- Bei *coloRadio* wurden sechs der sieben angeforderten Tage zügig bereitgestellt. Aufgrund der folgenden Weihnachtstage fiel das Fehlen des siebten Sendetags allerdings erst auf, als die Aufzeichnung dieses Tages bereits wieder gelöscht war, sodass auf einen anderen Tag ausgewichen werden musste. Anstelle des 30. Novembers wurde deswegen der 17. November 2019 untersucht, für den die Mitschnitte verfügbar waren. Da *coloRadio* sonnabends Wiederholungen ausstrahlt, erschien diese Abweichung vom vorgesehenen Untersuchungsschema nicht gravierend. Die Erhebung lieferte auch in diesem Fall ein zutreffendes Bild der Berichterstattung.

2.4 Vollerhebung

Die Berichterstattung innerhalb der künstlichen Woche wurde im Rahmen einer Vollerhebung untersucht. Bei den Vollprogrammen waren dies 24 Sendestunden an sieben Tagen, bei Sendern ohne Vollprogramm entsprechend weniger.

Sämtliche redaktionellen Inhalte, die die Sender in diesem Untersuchungszeitraum ausstrahlten, wurden detailliert analysiert. Bei Werbespots und Musikbeiträgen wurde die zeitliche Dauer ermittelt; dieses Material wurde aber nicht weiter klassifiziert.

2.5 Ebenen der Analyse

Die Codierung des Sendematerials erfolgte einerseits auf der Ebene der gesamten Sendung und andererseits auf der Ebene der einzelnen inhaltlichen Beiträge innerhalb dieser Sendung (Wortbeiträge, Musik, Werbung, Jingles). Auf beiden Codierebenen wurden verschiedene formale und inhaltliche Kategorien erfasst. Formale Merkmale der Sendung waren:

- Sendedatum und Wochentag,
- Dauer der Sendung,
- Titel der Sendung (im Wortlaut) und
- Stilform der Sendung.

Die Sendungen bestanden in der Regel aus einer Vielzahl von Beiträgen, wobei ein Beitrag ein Musiktitel, ein Werbeblock, ein Wortbeitrag oder eine Senderkennung (Jingle) sein kann. Wechselt die Form, so beginnt ein neuer Beitrag. Wortbeiträge wurden differenziert erfasst und anhand der thematischen Einheit voneinander unterschieden (z. B. eine Meldung in einer Nachrichtensendung). Wechselte das Thema, der Ort, der Akteur etc., so begann ein neuer Beitrag. Für jeden Beitrag wurden festgehalten:

- die zeitliche Dauer: Da die Audiomitschnitte eines Sendetages eine Vielzahl von Dateien umfassen und darum keine reale Zeitmarke (= fortlaufende Uhrzeit) haben, wurde für jeden codierten

9

Beitrag die Startzeit (zeitliche Position in der Audiodatei) sekundengenau erfasst, woraus sich auch die Dauer der Beitrage errechnen ließ.

- Art des Beitrags: Jeder Beitrag wurde als Wortbeitrag, Musik, Werbung oder Jingle klassifiziert.

- Bei Wortbeiträgen wurde die Beitragsform detailliert erfasst (z. B. Nachricht, Informationsbeitrag, Talk, Feature, Service, Moderation, Gewinnspiel).

- Bei Werbung wurde die Art der Werbung unterschieden (Werbespots, Dauerwerbesendungen, Sponsoring, On-Air-Promotion etc.).

- Thema des Beitrags: Für Informationsbeiträge wurde das Thema codiert. Um Wiederholungen zu identifizieren, wurden die Themen in Stichworten festgehalten.

- Themenherkunft: Für jeden Informationsbeitrag wurde erfasst, ob es sich um ein internationales, überregionales, sachsenweites oder lokales Thema handelt.

- Es wurden Eigenbeiträge und Fremdbeiträge unterschieden. Die Feststellung, ob es sich um einen Eigenbeitrag handelt oder um einen Fremdbeitrag ist aufgrund des bloßen Höreindrucks erfahrungsgemäß schwer zu treffen. Einzelne Sender (z. B. *coloRadio*) weisen in den Anmoderationen darauf hin, wenn eine Sendung von einem anderen nichtkommerziellen Sender stammt. In anderen Fällen war die Feststellung nicht ganz so einfach und wurde durch Recherchen ergänzt.

- Wiederholungen: Auch die Erfassung von Wiederholungen war wie erwartet teilweise schwierig. Die Erfassung erstreckte sich hier auf sämtliche Wortbeiträge; vor allem bei Nachrichtenbeiträgen, die über den Tag ausgestrahlt wurden, kam es zu kleineren oder größeren Änderungen, sodass sich die Frage stellte, ob dies als Wiederholung zu werten ist oder nicht. Beiträge wurden hier nur dann als Wiederholung gewertet, wenn sie weitgehend wortgleich gesendet wurden und keine relevanten neuen Inhalte enthielten.

- <u>Crossmediale Verknüpfungen</u>: Hier wurden crossmediale Verweise erfasst (z.B. auf die Webseite, auf Facebook- oder Instagram-Angebote).

2.6 Zusatzmodul: Erfassung von Hörer-Feedback, Hörer-Interaktion

In diesem Zusatzmodul wurden festgehalten, in welchem Umfang und in welcher Art und Weise die untersuchten Sender mit ihren Hörern interagieren. Hierzu wurden Art und Anzahl der Interaktion (Call-ins, Mails, Facebook-Mitteilungen, WhatsApp etc. von Hörern, Aufruf zur Interaktion) festgehalten.

2.7 Zusatzmodul: Lokalkompetenz

In einem zweiten Zusatzmodul wurde das Thema Lokalkompetenz detailliert untersucht. Kriterium hierfür waren die Zahl der regionalen/lokalen Beiträge und ihr Anteil am Sendevolumen der einzelnen Sender. Beiträgen wurde dann ein Regional- oder Lokalbezug zuerkannt, wenn sie regionale Ereignisse thematisierten oder regionale Akteure und Gesprächspartner berücksichtigten. Um die regionalen Schwerpunkte der einzelnen Sender nachzuzeichnen, wurden darüber hinaus sämtliche Ortsnennungen in Informationsbeiträgen festgehalten. Bei Sendern, deren Sendegebiet über die Landesgrenzen hinausgeht, wurde die Erfassung auch auf Orte jenseits der Grenzen ausgedehnt.

3 Untersuchungsergebnisse

3.1 Überblick über das analysierte Material

Das aktuell untersuchte Sendematerial umfasst insgesamt 2.687 Sendestunden bzw. 161.220 Sendeminuten.

Bei den Vollprogrammen umfassten die analysierten Mitschnitte jeweils 168 Sendestunden (sieben Tage mit je 24 Stunden Programm). Einen Sonderfall stellt hier *apollo radio)))* dar. *apollo radio)))* strahlt über UKW in mehreren Zeitfenstern das Programm von *Radio Blau*, *Radio T* und *coloRadio* aus. In der vorliegenden Untersuchung wurde das 24-Stunden-Vollprogramm analysiert, das dem Sendeumfang entspricht, der auf DAB+ ausgestrahlt wird.

Von *Radio Blau*, *Radio T* und *coloRadio* wurden das tägliche fünfstündige Programm (Montag bis Freitag) sowie die 12 Sendestunden am Sonnabend analysiert. Für alle drei Sender gingen damit jeweils 49 Sendestunden in die Analyse ein. Hinzu kommt *mephisto 97.6*, bei dem 20 Sendestunden analysiert wurden. Hierbei handelte es sich um das originäre werktägliche Programm (vier Stunden), das in Leipzig auf den Frequenzen von *Radio PSR* ausgestrahlt wird. Nicht berücksichtigt wurde das über DAB+ bzw. im Livestream übertragene Programm, welches aus Wiederholungen des Wochenprogramms besteht.

Bei Sendern, die kein Vollprogramm ausstrahlen, kam es bei den Mitschnitten teilweise zu geringfügigen Abweichungen im Zeitfenster. Manchmal war die Sendung etwas länger, manchmal wurde ein Schlusstitel kurz vor Ende der Sendestunde abgebrochen. In der Hörfunkübertragung wurde dies vermutlich durch kurze Sendepausen, Füllmusik, An- oder Abmoderationen oder Ausblendungen ausgeglichen. Da die Abweichungen nur wenige Sekunden ausmachten, wurde eine Sendestunde in solchen Fällen auf die volle Stunde ergänzt oder gekürzt, in dem der letzte Beitrag einer Sendung um die fehlenden Sekunden verlängert oder um die überzähligen Sekunden verkürzt wurde.

Das untersuchte Material umfasst insgesamt 758 Sendungen, wobei die Unterteilung in Sendungen von den einzelnen Sendern unterschiedlich stark und unterschiedlich konsequent vorgenommen wird. Dies betrifft vor allem das Material außerhalb der Hauptsendezeit, etwa in den Nachtstunden (vgl. Tabelle 1).

	Untersuchte Stunden	Untersuchte Minuten	Sendungen	Beiträge
Kommerzielle Vollprogramme				
R.SA Sachsen	168	10.080	41	6.521
Radio PSR	168	10.080	40	6.830
Radio Leipzig	168	10.080	40	8.624
Radio Dresden	168	10.080	40	8.405
Radio Chemnitz	168	10.080	40	8.264
Radio Zwickau	168	10.080	40	8.452
Radio Erzgebirge	168	10.080	40	8.398
Radio Lausitz	168	10.080	40	8.472
HITRADIO RTL Sachsen	168	10.080	38	5.863
Energy Sachsen	168	10.080	39	7.661
Vogtlandradio	168	10.080	86	5.430
Radio Lausitzwelle	168	10.080	33	3.070
Radio WSW	168	10.080	9	5.229
apollo radio)))	168	10.080	66	5.026
Nichtkommerzielle und Hochschulradios				
Radio Blau	49	2.940	36	729
Radio T	49	2.940	48	731
coloRadio	49	2.940	39	785
mephisto 97.6	20	1.200	15	1.001
99drei Radio Mittweida	168	10.080	28	2.764
Gesamt	**2.687 Stunden**	**161.220 Minuten**	**758 Sendungen**	**102.255 Beiträge**

Tabelle 1: Überblick über das untersuchte Material

3.2 Formale Merkmale der Sendungen

Für die untersuchten Sendungen wurden zahlreiche formale Merkmale erhoben, die zwar für die Identifizierung der Sendungen und die Zuordnung zu den Sendern, Untersuchungstag oder Uhrzeit wichtig waren, aber für die Beschreibung der Programminhalte verzichtbar erschienen. Zwei der für die einzelnen Sendungen erhobenen Merkmale waren jedoch auch für die Beurteilung der Berichterstattung relevant: Wiederholungen und Fremdbeiträge.

3.2.1 Wiederholung von Sendungen

Bei den kommerziellen Sendern gab es keine erneute Ausstrahlung einer kompletten Sendung. Wiederholungen fanden sich lediglich bei den drei nichtkommerziellen Radiosendern *Radio Blau* (2 Sendungen), *Radio T* (7 Sendungen) und *coloRadio* (7 Sendungen). Bei *Radio T* und *coloRadio* waren es jeweils sieben Sendestunden (14 % des ausgestrahlten Programms), bei *Radio Blau* umfassten Wiederholungen lediglich zwei Sendestunden (4 % des ausgestrahlten Programms).

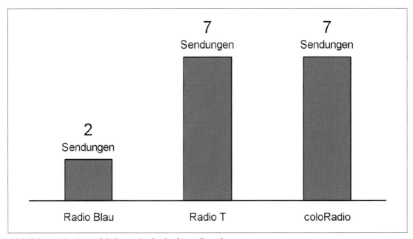

Abbildung 1: Anzahl der wiederholten Sendungen

Die Sender gehen mit Wiederholungen offen um und kennzeichnen solche Sendungen meist in der Anmoderation oder im Programmschema. Teilweise war auch aufgrund der Inhalte (Nennung von Terminen in der Vergangenheit) erkennbar, dass die Sendung wiederholt wird. *Radio Blau* strahlte die folgenden Wiederholungen aus:

- „onda info" (Wiederholung vom 21.10.2019)
- „HipHop & Rap" (Wiederholung vom 30.11.2019)

Radio T strahlte folgende Wiederholungen aus:

- „Bombastisches zur Nacht" (Wiederholung vom Montag der Woche)
- „Panoptikum: Raumfahrt" (Wiederholung vom September 2019)
- „T-historisch" am 27.10. (Wiederholung vom 14.10.2019)
- „Miserable Monday" (Wiederholung vom 18.11.2019)
- „Best of Detektor" (Zusammenschnitt ausgewählter Beiträge)
- „Straße der Nationen mehrere Sendungen" (Wiederholungen vom 27.10., 29.10., 06.11. und 30.11.2019)

coloRadio strahlte folgende Wiederholungen aus:

- „Pflegestützpunkt" (Wiederholungen vom 29.10.2019 und vom 06.11.2019)
- „Amadeus – Klassik auf coloRadio" (Wiederholung vom 16.11.2019)
- „Sold out show" (Wiederholung vom 06.11.2019)
- eine Sendung ohne Titel (Wiederholung vom 27.10.2019)
- „onda", „Tag des feministischen Radios" (Wiederholung vom 21.10.2019)
- „Key Ell's Tape Collection" (Wiederholung vom 27.10.2019)

Wiederholungen wurden meist sonnabends oder sonntags ausgestrahlt. Dabei handelt es sich um Inhalte, die nicht tagesaktuell sind (z. B. „Pflegestützpunkt"), einen zeitlosen Charakter haben (z. B. „Amadeus – Klassik auf coloRadio") oder als Rückblick interessant sind (z. B. „T-historisch"). Insgesamt sind Wiederholungen wohl als unproblematisch einzustufen und nicht als qualitativer Mangel des Programms zu betrachten.

3.2.2 Fremdbeiträge

Bei der Übernahme von Fremdproduktionen sind drei Fälle zu unterscheiden:

1) Programmaustausch: Sendungen werden im Rahmen eines Programmaustauschs übernommen, wobei die Herkunft der Sendung offen kommuniziert wird. Der Austausch wertet das eigene Programm auf.

2) Übernahme von Promotions: Verschiedene Audiodienste bieten vielfältiges Material an, das vordergründig als Verbraucherinformation mit Servicecharakter präsentiert wird, jedoch vor allem werbliche Absichten verfolgt.

3) Einbindung von redaktionellem Material externer Dienstleister: Im Radiobereich gibt es Anbieter für Nachrichtenbeiträge, -blöcke oder komplette Nachrichtensendungen. Die Sendungen werden senderspezifisch konfektioniert und sind für den Hörer nicht als zugeliefertes Produkt zu erkennen.

3.2.2.1 Fremdbeiträge aus Programmaustausch

Übernahmen von fremdproduzierten Sendungen im Rahmen eines Programmaustauschs gab es lediglich bei den nichtkommerziellen Sendern *coloRadio*, *Radio T* und *Radio Blau*. Entweder wurden dabei vollständige Sendungen übernommen oder Fremdbeiträge dominierten eine Sendung weitgehend und wurden lediglich durch eine thematische Moderation zusammengehalten. Die 6 übernommenen Sendungen bei *Radio Blau* umfassten rund 4 Sendestunden. Bei *Radio T* handelte es sich um 7 Sendungen mit insgesamt rund 7 Stunden Dauer. Die 10 Sendungsübernahmen bei *coloRadio* schlugen mit 9,5 Sendestunden zu Buche. Damit bestritt *Radio Blau* gut 8 % des Programms mit Übernahmen, bei *Radio T* lag der Anteil bei 14 % und bei *coloRadio* bei 19 %.

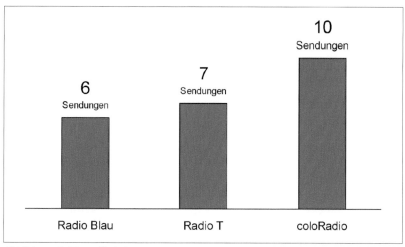

Abbildung 2: Fremdbeiträge

Produktionen anderer unabhängiger Radiosender gab es bei *coloRadio* in größerer Zahl, 10 Sendungen wurden hier als Übernahmen gekennzeichnet:

- Die Beiträge im Rahmen des „Tages des feministischen Radios" am 21.10.2019.
- Die Sendungen „Pflegestützpunkt" am 27.10.2019, 29.10.2019 und 06.11.2019. Dabei handelte es sich um einen Studiotalk von *Radio Helsinki* (Graz/Österreich) mit mehreren Gästen aus dem Pflegebereich.
- Zwei Vorträge von *Radio Lora* (München), die im Rahmen der Sendereihe „Arbeitswelt im Wandel" am 29.10.2019 gegen 22:35 Uhr unter dem Titel „Macht oder Ethik" ausgestrahlt wurden. Nach einer kurzen Anmoderation folgte der Vortrag „Macht oder Ethik" von der Philosophin Melanie Vogel, danach ein Beitrag über die „Kalifornische Ideologie" von Stefan Stanjek aus Hamburg.
- Ein Bericht vom Kongress des Bundesverbandes der Freien Radios, Rostock. Es handelte sich um ein Studiogespräch zum Kongress, zur Finanzlage der Freien Radios, dem Umgang mit Rechts und der sogenannten ‚Querfront' (14.11.2019).

- Die Sendung „Anti-Atom-News" (14.11.2019), moderiert von Klaus Schramm, u.a. mit Beiträgen von Michael Sailer über die destruktive Rolle des Ökoinstitutes oder die Vorstellung des Uran-Atlas. Die Beiträge von Klaus Schramm werden im Audioportal freier Radios www.freie-radio.net verbreitet.

- Auch einzelne Magazinsendungen wurden aufgrund der großen Zahl an übernommenen Beiträgen als Übernahmen gekennzeichnet.

Der Sender übernahm in der Untersuchungswoche zahlreiche Beiträge der Sender *Radio unerhört* (Marburg), *Radio Corax* (Halle), *Radio Helsinki* (Graz), *Radio Lora* (München), *Radio Dreyeckland* und mehreren anderen. Diese Beiträge haben in den Magazinen von *coloRadio* einen großen Stellenwert. Die nachfolgende (unvollständige) Aufzählung soll einen Eindruck davon vermitteln, welche Beiträge bei *coloRadio* im Untersuchungszeitraum als übernommene Beiträge identifiziert werden konnten.

Übernahmen von *Radio unerhört (*Marburg):

- der Beitrag „Umwelt-Uhu" im Magazin vom 06.11.2019,

- der Beitrag „Die Epoche der großen Hexenjagd" von Roland Grimm vom 14.11.2019 sowie

- der Satirebeitrag „Postillion-Nachrichten" vom 22.11.2019.

Übernahmen von *Radio Corax* (Halle):

- der Beitrag „Nachwendekinder. Das große Schweigen" im Magazin vom 06.11.2019,

- ein Beitrag über den Marsch der Unabhängigkeit in Polen und rechte Demonstrationen vom 14.11.2019,

- ein Beitrag über die Proteste in Bagdad vom 14.11.2019,

- ein Bericht über ‚Incels' (involuntary celibates = unfreiwillig Alleinstehende) als Gegner des Feminismus, Gespräch mit der Journalistin Veronika Kracher vom 22.11.2019,

- ein Beitrag über Internetzensur und staatliche Überwachung in Russland vom 11.12.2019,

- ein Gespräch mit den Journalisten Henrik Merker und Hendrik Zörner (DJV) zur NPD-Demonstration in Hannover vom 22.11.2019 sowie

- ein Beitrag über die Convention „KI und wir" – Künstliche Intelligenz und Gender. Gespräch mit Helena (beteiligt an der Organisation) vom 22.11.2019.

Übernahmen von *Radio Dreyeckland* (Freiburg):

- ein Bericht über die Wahlen in Rumänien vom 14.11.2019,

- ein Bericht über die Entscheidung des BVerfG zu Hartz-IV-Sanktionen sowie

- ein Bericht über die Aberkennung der Gemeinnützigkeit von Attac u.a. vom 22.11.2019.

Übernahme von *Radio 3Klang* (Saarbrücken):

- Interview mit der Leipziger Linke-Politikerin Juliane Nagel über die Soko LinX in Sachsen vom 14.11.2019.

Übernahme von *Radio ROM*:

- satirischer Beitrag über den „Versemmelfalken: Vogel des Jahres" vom 22.11.2019.

Auch *Radio Blau* strahlte im Untersuchungszeitraum Fremdproduktionen aus. Dabei handelte es sich um folgende Sendungen:

- „Feministische Knastsendung" (von *Radio Kompliza*, Zürich),

- „Frauen und elektronische Tanzmusik" (von *Radio T*),

- „HipHop & Rap von weiblichen Interpretinnen" (von *Radio Lotte*, Weimar),

- „Vom Wohnen als Recht" (*Radio Orange*, Wien) und

- „Elektronische Musik mit Mischa und Mike" (*Radio Orange*, Wien).

Fremdproduktionen gab es auch bei *Radio T*:

- Die Sendungen „Claim the Waves" und der Sendungsaustausch der freien Radios am Thementag „Feministisches Radio" (21.10.2019).

- Ein Beitrag von Gaby Weber (*Radio Bermuda*, Mannheim) über das Londoner Schuldenabkommen, das Wiedergutmachungsabkommen mit Israel 1952 und über die „Aktion Geschäftsfreund" (Finanzierung des israelischen Atomprogramms) in der Sendung „Radio Spezial" am 29.10.2019; die Ausstrahlung erfolgte in zwei Teilen mit einer Zwischenmusik von 10 Minuten.

- Die Sendungen „Fokus-Europa" von *Radio Dreyeckland* und ein Interview von *Radio Unerhört* (Marburg) zur studentischen Initiative „University E-Sports Marburg" in der „Radio Spezial: Mediennachrichten" vom 14.11.2019.

Als Fremdproduktionen wurden bei *Radio T* auch Sendungen des Magazins „Detektor" eingestuft, die zu wesentlichen Teilen aus Beiträgen anderer freier Radios bestanden. Die nachfolgende Aufstellung gibt einen – unvollständigen – Überblick, welche Sender und Beiträge identifiziert werden konnten:

- *Radio Corax* über die Pläne Russlands, ein eigenes Internet aufzubauen (06.11.2019),

- *Radio Blau*: Interview mit Simon Heitzler vom NABU zum Thema Waldsterben in Deutschland (06.11.2019),

- *Radio Flora*: Psychiatrie als politisches Machtorgan; Gespräch mit einem Betroffenen (06.11.2019),

- *Radio Dreyeckland*: Interview mit Christian Rollmann von der Kampagne „Meine Landwirtschaft" zu einer geplanten Demonstration in Straßburg für die Agrarwende (21.10.2019),

- *Radio Blau*: „Tresengeschichten-Kollektiv", Gespräch über Sexismus in der Gastronomie (21.10.2019),

- *Radio Blau*: Interview mit Stadtrat Michael Neuhaus (Linke) zu den Klimaplänen der Stadt Leipzig („Klima-Notstand") (29.10.2019),

- *Radio Dreieckland*: Interview mit Kathrin Amelang zum Thema Gesundheits-Apps (29.10.2019) sowie

- *Radio Corax*: Interview mit Kaja Kröger zum Thema „Feministische Perspektiven auf Körper und Körperlichkeit" (14.11.2019).

Die Übernahme kompletter Sendungen ist charakteristisch für die freien Radios. Insgesamt wird man solche Fremdproduktionen ähnlich beurteilen müssen wie die Wiederholung einzelner Sendungen: Sie sind Ausdruck des Selbstverständnisses der freien Radios, kennzeichnen die senderübergreifende Kooperation und erweitern das Themenspektrum der Sender. Allerdings geht bei solchen Übernahmen nicht selten der regionale Bezug verloren, was aus Hörerperspektive ein Mangel sein kann.

3.2.2.2 Übernahme von Promotionmaterial

Einzelne Sender übernehmen in ihrem Programm auch Beiträge, die sie aus externen Quellen beziehen. Im Hinblick auf die Sendedauer fallen solche Beiträge kaum ins Gewicht und entziehen sich daher einer quantitativen Betrachtung. Sie nehmen aber im Programm eine prominente Stellung ein oder werden mehrfach anmoderiert. Um einen Eindruck davon zu vermitteln, welche Sender solches Material einsetzen und um welche Themen es sich dabei handelt, sollen im Folgenden einige Berichte vorgestellt werden.

Bei *Radio WSW* fiel auf, dass der Sender seine morgendlichen Magazinbeiträge aus einschlägigen Podcasts übernimmt oder das Audiomaterial zu Gesprächen und Interviews umarbeitet. Als Quelle solcher Beiträge konnten mehrere Portale identifiziert werden. So konnte man den Beitrag von Marie Kondo zum Ausmisten und Ordnungschaffen vom Portal „Life247" beziehen. Die O-Töne für ein Gespräch mit Manuel Marburger stammen vom Portal „Radioexperten" und Übernahmen gab es offenbar auch vom Dienst „Ratgeber Journal", der für eine Vielzahl von Themen fertig konfektionierte Audiomitschnitte anbietet.

Aus inhaltlicher Sicht handelte es sich bei den meisten Promo-Beiträgen um Servicethemen. Teilweise wird man diese Beiträge im Hinblick auf den werblichen Charakter aber zumindest als grenzwertig einstufen müssen. So gab es am 22.11.2019 bei *Radio WSW* unter anderem den Beitrag „Die Heinz-Sielmann-Stiftung im Testament bedenken" oder auch den „Reisetipp Curacao", in dessen Zusammenhang ein entsprechendes Angebot von Meiers Weltreisen beworben wurde. Analog wurde im Anschluss zu einem Expertengespräch zu Versicherungen (sogenannter Parkschadenschutz) auf die Webseite der Versicherung DEVK verwiesen, ebenso wie bei den Beiträgen zum Smart-Repair-Tarif der DEVK (21.10.2020) und zum „Schadensfall durch Schlüsselverlust" (ebenfalls mit einem DEVK-Experten). Im Anschluss an einen Beitrag über den Weltdiabetes-Tag gab es einen Hinweis auf die Webseite des Medikaments Biolectra. Darüber hinaus gab es mehrere Gespräche mit Journalisten, die auf entsprechende Artikel in ihrem Medium verwiesen, z. B. einen Beitrag zum Thema „Schlaf" mit einer Redakteurin der Zeitschrift LISA.

Stärker inhaltlich orientiert sind Lifestyle-Beiträge. *Radio WSW* strahlt beispielsweise hier ein „Interview der Woche" aus; in den hier untersuchten Tagen war dies ein Gespräch der Redakteurin Nina Liebold mit dem Schauspieler Christian Bale. Diese „Interviews der Woche" mit Nina Liebold kann man auf zahlreichen Sendern hören, z. B. bei *Radio Charivari* oder der *Bayernwelle*. Bei der kurzen Sendung handelt es sich vermutlich um Promo-Material für Bales neuen Film. Offen wird zumindest der Sponsor des „Interviews der Woche" genannt: Cinestar. Gleiches gilt für die ebenfalls von Liebold moderierten und von Cinestar gesponserten „Hollywood-News".

Promo-Material verwendete auch *Radio Lausitzwelle* und zwar in vergleichbarer Art und aus ähnlichen Quellen wie *Radio WSW*. So gab es am 06.11.2019 ein inszeniertes Kollegengespräch mit Thomas Freytag zum Thema „Wildunfälle". Zu Wort kam eine Gesprächspartnerin der Versicherung HUK-Coburg. Den Beitrag kann man bei GETAUDIO – Radio Content Deutschland herunterladen. Darüber hinaus gibt es auch Servicebeiträge aus Fremdquellen, bei denen der Informationscharakter den werblichen deutlich überwiegt, zum Beispiel Interviews mit Redakteuren von Verbraucherzeitschriften wie zum Beispiel bei der *Lausitzwelle*. Zum Thema „Stimmungstief im Herbst – Alles nur Einbildung?" wurden dort am 21.10.2019 vorbereitete O-Töne von Maria Sandoval von der Zeitschrift Frau im Trend gesendet. Zum Welt-Schlaganfall-Tag am 29.10.2019 gab es den „Kollegenbericht" mit Andreas Suke, der ein Interview mit Miriam Mashkoori von der Deutschen Schlaganfall-Hilfe führte. Berichte von Nina Liebold gibt es auch bei *Radio Lausitzwelle*, so ihren

Filmtipp für den Film „LeMans 66" (14.11.2019) oder ihre „Kino-News" (22.11.2020).

3.2.2.3 Übernahme von redaktionellem Material

Nachrichtenmeldungen, O-Töne oder ganze Nachrichtenblöcke und -sendungen beziehen die privat-kommerziellen Sender teilweise von gemeinsamen Muttergesellschaften (REGIOCAST) oder von externen Dienstleistern (z. B. dpa-Audioservice). Für die Hörerinnen und Hörer ist nicht erkennbar, dass es sich bei den Nachrichtensendungen um externe Produkte handelt. Bei folgenden Sendern werden Meldungen von Dritten übernommen, mindestens für nationale und internationale Themen:

- Die Nachrichten für *Radio PSR* und *R.SA Sachsen* werden von der Muttergesellschaft REGIOCAST produziert.

- *Energy Sachsen* bezieht seine Nachrichten ebenfalls von REGIOCAST. Die Nachrichtensprecher treten hier zwar nur mit dem Vornamen auf („Ich bin Johannes"), allerdings gibt es bei den Einspielern Namen, die auf die REGIOCAST hinweisen: Dirk Jostes, Christiane Hampe, Holger Dilk u. v. m.

- *apollo radio)))* bezieht seine Nachrichten mit großer Wahrscheinlichkeit ebenfalls überwiegend von REGIOCAST, darauf deutet die Nennung der folgenden Redakteure hin: Phillip Rösler, Ralf Rose, Daniela Schäfer, Sönke Röhling, Fabian Hoffmann u. a.

- *Radio Leipzig* und die anderen Sender der BCS-Gruppe beziehen ihre nationalen und internationalen Nachrichten von der Dienstleistungsgesellschaft für Bayerische Lokal-Radioprogramme mbH & Co. KG (BLR), was man an den Namen der BLR-Redakteurinnen und Redakteure erkennen kann: Franca Stierhof, Julia Walter, Christian Weiß, Julia Wassilkow u. v. m. Innerhalb der BLR-Sendungen werden aber auch Korrespondentenberichte verwendet, die vom dpa-Audioservice stammen (z. B. Thomas Thonfeld und Tina Eck). Lokale und regionale Nachrichten kommen von der Broadcast Sachsen GmbH & Co. KG und weisen damit personelle Überschneidungen mit *HITRADIO RTL Sachsen* auf. So fungiert Gunnar Tichy als Redaktionsleiter von *Radio Zwickau* und *Ra-*

dio Erzgebirge, spricht aber am gleichen Tag und in der gleichen Stunde auch die Nachrichten von *HITRADIO RTL Sachsen* ein, so zum Beispiel am 14.11.2019.

- *Radio WSW* bezieht seine Nachrichten aus Deutschland und der Welt offensichtlich vom dpa-Audioservice. Als Nachrichtensprecher oder Urheber von Korrespondentenberichten werden unter anderem folgende Redakteure des dpa-Audioservices genannt: Dirk Zeidler, Thomas Brockt, Uli Reitinger, Benedikt Meise, Ronny Thorau.

Für die Hörerinnen und Hörer stellt die Übernahme von redaktionellem Material vermutlich keine Qualitätseinbuße dar. Kritisch können solche Übernahmen aber dennoch gesehen werden, da sie zu einer größer werdenden Vereinheitlichung in den Medien führen und es der Forderung nach und es dem Grundsatz thematisch möglichst vielfältiger medialer Berichterstattung zuwiderläuft. Die Produktion von Nachrichtensendungen durch nur wenige Zulieferer und nicht in den jeweiligen Redaktionen führt allerdings nicht zwangsläufig zu einem „inhaltlichen Einheitsbrei". Vor allem in den zuhörerstarken Stunden unterscheiden sich die Sender trotz gemeinsamer Nachrichtenquelle. Dies lässt sich am Beispiel der Nachrichten von *Radio PSR*, *R.SA Sachsen* und *Energy Sachsen* an einem zufälligen Tag (06.11.2019, 08:00 Uhr-Nachrichten) exemplarisch zeigen (vgl. Dokumentation 1). Thematische Überschneidungen gab es nur bei drei Ereignissen:

- Dem Champions-League-Sieg von RB Leipzig über Zenit St. Petersburg, über den alle drei Sender berichteten, allerdings mit individueller Schwerpunktsetzung und verschiedenen O-Tönen.

- Die Meldung zur Halbzeitbilanz der Regierungskoalition auf Bundesebene wurde in zwei Sendern mit unterschiedlichen Schwerpunkten gebracht.

- Über die Tarifauseinandersetzung der Lufthansa mit den Gewerkschaften berichteten zwei Sender, wiederum sprachlich und inhaltlich verschieden.

Radio PSR	R.SA Sachsen	Energy Sachsen
Sachsen verstärkt den Kampf gegen Linksextremisten, dazu wird eine Sonderkommission gegründet. Verweis auf LVZ und Freie Presse als Quellen. O-Ton Chefermittler Dennis Kuhne vom Terrorabwehrzentrum. Stichwort: Gentrifizierung.	Themenüberblick und Wetter	Spitzen von Union und SPD wollen die große Koalition fortsetzen, Hinweis auf Funke-Mediengruppe als Quelle, Bericht von Johannes Schmidt: „Viel erreicht, aber noch viel zu tun."
Die GroKo ist mit ihrer Arbeit recht zufrieden. Die Halbzeitbilanz wird heute im Kabinett beraten. Erfolge seien der höhere Mindestlohn und bessere Kita-Betreuung. SPD will entscheiden, ob sie die Groko fortsetzt.	Die Diakonie Sachsen begrüßt das Urteil des BVerfG zu den Hartz IV-Sanktionen. Die Entscheidung gebe den betroffenen Arbeitslosen ein Stück ihrer Würde zurück. Zahl der Hartz IV-Empfänger in Sachsen: 196.000.	Deutschlandweit soll es heute Grenzkontrollen geben gegen illegale Einreisen. Verweist auf BILD-Informationen. Hintergrund ist der Fall Miri.
Unfall auf der A38 hat Polizei und Rettungskräfte bis in die Morgenstunden beschäftigt. In der Nähe von Belantis war ein Viehtransporter mit Rindern umgekippt. Die beiden Fahrer wurden schwer verletzt.	Lufthansa hat den Flugbegleitern vor den morgen beginnenden Streiks Gespräche angeboten. Konzernchef Spohr lud Vertreter von UFO, ver.di und IG Luftverkehr zu Spitzentreffen ein. Lufthansa beantragte einstweilige Verfügung gegen Streiks.	Vor dem Lufthansa-Streik geht der Konzern auf die Gewerkschaft zu.
RB Leipzig nimmt in der Champions League weiter Kurs aufs Achtelfinale. Leipzig gewann 2:0 bei Zenit St. Petersburg. Dortmund schlug Inter Mailand mit 3:2.	Das Programm für den Dresdner Striezelmarkt steht. Am 27. November Eröffnung durch OB Hilbert. Nikolaus-, Gospel- und Weihnachtsliederabend geplant. Stollenfest am 7. Dezember.	Auswärtserfolg für RB Leipzig in der Champions League: O-Ton Julian Nagelsmann.
	Für RB Leipzig steht das Tor zum Achtelfinale in der Champions League weit offen. 2:0-Sieg, O-Ton Diego Demme, BVB-Sieg.	

Dokumentation 1: Themen der 08:00 Uhr-Nachrichten am 6. November 2019

Fünf Meldungen waren Nachrichten, die jeweils nur in einem der untersuchten Sender gebracht wurden. Völlig anders sieht es aus, wenn man sich die Nachrichten in den Nachtstunden ansieht (vgl. Dokumentation 2). Hier wurde bei allen drei Sendern die gleiche Nachrichtensendung ausgestrahlt, lediglich bei *Energy Sachsen* wurde der Name der Sprecherin von Anna Löwer auf Anna verkürzt und die Meldung über die Sparkasse Zwickau durch eine Meldung über eine WHO-Studie ersetzt. Die anderen vier Meldungen wurden unverändert ausgestrahlt.

Radio PSR **Anna Löwer**	*R.SA Sachsen* **Anna Löwer**	*Energy Sachsen* **mit Anna**
Überschattet von Personaldebatten trifft die CDU zu ihrem Bundesparteitag in Leipzig zusammen. Friedrich Merz will auch eine Rede halten. O-Ton: Kramp-Karrenbauer: „Jeder, der ehrgeizig ist ..."	Überschattet von Personaldebatten trifft die CDU zu ihrem Bundesparteitag in Leipzig zusammen. Friedrich Merz will auch eine Rede halten. O-Ton: Kramp-Karrenbauer: „Jeder, der ehrgeizig ist ..."	Überschattet von Personaldebatten trifft die CDU zu ihrem Bundesparteitag in Leipzig zusammen. Friedrich Merz will auch eine Rede halten. O-Ton: Kramp-Karrenbauer: „Jeder, der ehrgeizig ist ..."
Vorerst letzte Aussagen im Impeachment-Verfahren. Die ehem. Sicherheitsberaterin im Weißen Haus, Hill, sagte aus.	Vorerst letzte Aussagen im Impeachment-Verfahren. Die ehem. Sicherheitsberaterin im Weißen Haus, Hill, sagte aus.	Vorerst letzte Aussagen im Impeachment-Verfahren. Die ehem. Sicherheitsberaterin im Weißen Haus, Hill, sagte aus.
Anklage gegen Israels Ministerpräsident Netanjahu. Vorwurf: Betrug, Untreue und Bestechlichkeit. Bericht von Max Koterba	Anklage gegen Israels Ministerpräsident Netanjahu. Vorwurf: Betrug, Untreue und Bestechlichkeit. Bericht von Max Koterba	Anklage gegen Israels Ministerpräsident Netanjahu. Vorwurf: Betrug, Untreue und Bestechlichkeit. Bericht von Max Koterba
Niederlage für die Sparkasse Zwickau im Verfahren um gekündigte Prämiensparverträge. Urteil des OLG Dresden.	Niederlage für die Sparkasse Zwickau im Verfahren um gekündigte Prämiensparverträge. Urteil des OLG Dresden.	Vier von fünf Jugendlichen sind Bewegungsmuffel. Das geht aus einer Studie der WHO hervor.
Bambi-Verleihung in Baden-Baden: Frank Elsner für Lebenswerk.	Bambi-Verleihung in Baden-Baden: Frank Elsner für Lebenswerk.	Bambi-Verleihung in Baden-Baden: Frank Elsner für Lebenswerk.

Dokumentation 2: Themen der 05:00-Uhr-Nachrichten am 22. November 2019

Neben den Nachrichtensendungen gibt es auch andere Sendungselemente, die von externen Anbietern übernommen werden, wie etwa folgende zwei Comedyserien bei *Radio PSR*:

- „Der kleine Erziehungsratgeber"; die Sendung von Florian von Westerholt gibt es seit 2002, in Deutschland war sie schon bei zahlreichen ARD-Wellen zu hören. Inzwischen gibt es mehr als 1.000 Folgen der Comedy-Serie.[2]

- „Baumann und Clausen"; Hans-Werner Baumann und Alfred Clausen sind nach eigener Darstellung mittlerweile seit 15 Jahren mit ihrer Comedy aktiv, als Podcast, auf der Bühne, auf CD und DVD.[3]

In diese Rubrik gehören auch die Beiträge des Kirchenfunks, soweit sie durch die Kirchen selbst und nicht durch senderinterne Redaktionen betreut werden oder als solche präsentiert werden:

- Bei *R.SA Sachsen* „Die R.SA-Tankstelle – Gedanken zum Auftanken. Ein Beitrag der katholischen Kirche in Sachsen",

- bei *apollo radio)))* „Auf ein Wort" und

- bei *Radio PSR* „Augenblick mal".

3.3 Inhaltliche Merkmale der Berichterstattung

Da sich die untersuchten Programme in ihrer Struktur und in ihrem Selbstverständnis deutlich unterscheiden, wurden die Ergebnisse im ersten Schritt für die Gruppe der 14 sächsischen privat-kommerziellen Programme getrennt von den drei nichtkommerziellen Sendern und den beiden Hochschulradios ausgewiesen.

In einem zweiten Schritt erfolgte eine senderspezifische Analyse, bei der zumeist zwei Arten von Daten herangezogen wurden: Erstens der prozentuale Anteil an Beiträgen, zweitens der prozentuale Anteil am Sendevolumen. Letzteres wurde bei der Codierung sekundengenau ermittelt. Für einzelne Merkmale, bei denen es um das

---

2 www.westerholt-gysenberg.de
3 www.baumannundclausen.de

bloße Vorkommen geht und nicht um die Dauer (z. B. bei den crossmedialen Hinweisen oder den Hörer-Interaktionen) wird die Anzahl
der entsprechenden Merkmale genannt.

3.3.1 Wortanteile, Musikanteile, Werbeanteile

Die Wort-, Musik- und Werbeanteile wurden zunächst auf Basis der
einzelnen Beiträge ausgewiesen. Hier schlägt sich die Anzahl ent-
sprechender Beiträge und ihr Anteil an der Gesamtheit aller Beiträge nieder. Bei dieser Betrachtung ist allerdings zu berücksichtigen, dass die verschiedenen Beitragsformen recht unterschiedliche
Längen aufweisen. Ein Nachrichtenbeitrag kann 20 Sekunden dau-
ern, ein typischer Musiktitel dauert etwa 3 Minuten. Zudem wurde das Material nach inhaltlichen Gesichtspunkten codiert, wobei
Wortbeiträge differenziert kategorisiert und Musik vergleichsweise
pauschal klassifiziert wurden. Will man also untersuchen, wie groß
die Wort-, Musik- und Werbeanteile sind, muss die Betrachtung auf
Beitragsebene um eine Analyse ergänzt werden, die die zeitliche
Dauer einbezieht. Aus diesem Grund wurden die Wort-, Musik- und
Werbeanteile auf Basis des zeitlichen Sendeumfangs ermittelt. Diese Messgröße entspricht auch dem Höreindruck besser und macht
deutlich, welchen zeitlichen Anteil Wortbeiträge am gesamten Programm haben.

Von allen erfassten Beiträgen machten Wortbeiträge bei den unter-
suchten kommerziellen Sendern den größten Anteil aus (41,6 %). Je-
der vierte Beitrag war ein Sender-Jingle (24,8 %). 22,2 % der erfassten
Beiträge betrafen Musik. In den übrigen Fällen handelte es sich um
Werbebeiträge (11,4 %). Hierzu gehörten auch Sponsoring-Hinweise,
Dauerwerbesendungen, Eigenwerbung und Werbung im laufenden
Programm (vgl. Abbildung 3).

Berechnet man die Anteile am Sendevolumen, ergibt sich ein dif-
ferenzierteres Bild. Bezogen auf den Sendeumfang besteht das
Programm der kommerziellen Sender zu drei Vierteln aus Musik
(75,6 %). Der Wortanteil beträgt 13,6 %, Werbung umfasst 7,2 % des
gesendeten Programms. Jingles waren zwar, wie oben deutlich wurde, äußerst zahlreich, machten aufgrund ihrer Kürze in zeitlicher

Hinsicht aber nur 3,6 % des gesendeten Programms aus (vgl. Abbildung 3).

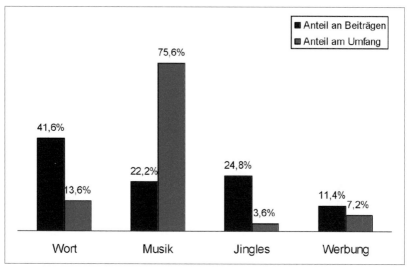

Abbildung 3: Wortanteil, Musikanteil bei den kommerziellen Programmen

Bei dem ermittelten Werbeanteil handelt es sich in der Regel um Werbespots oder Werbeblöcke. Vereinzelt gab es jedoch auch Dauerwerbesendungen:

- *Radio Leipzig*: „Hör Dich gesund. Das Gesundheitsmagazin der Helios-Kliniken Leipzig", am 14.11.2019, Gespräch mit Prof. Dr. Christoph Tümmler, Chef der Klinik für Akutgeriatrie und Frühhabilitation im Helios Klinikum Leipzig. Die Werbesendung wurde in vier Blöcken ausgestrahlt, unterbrochen durch den regulären Musik-Jingle-Wechsel, die Verkehrsmeldungen und Nachrichten. Zusätzlich kam der entsprechende Jingle nach den Nachrichten.

- *Radio Dresden*: Hier gab es die Sendung „Arena News – Infos aus der Ballsportarena Dresden", die auch als Werbesendung gekennzeichnet wurde (22.11.2019).

- *Radio Dresden*: Als Werbesendung wurde auch „Unterwegs" gekennzeichnet. In der mehrteiligen Sendung vom 30.11.2019 besuchte Robert Drexler die Festung Dresden und führt ein Gespräch mit einem Vertreter der Staatliche Schlösser, Burgen und Gärten Sachsen gGmbH.

Die untersuchten kommerziellen Sender unterscheiden sich voneinander. Bezogen auf den gesamten erfassten Sendeumfang lagen die Wortanteile bei den kommerziellen Vollprogrammen zwischen 9,8 % (*apollo radio)))*) und 20,6 % (*Radio PSR*). Die Musikanteile lagen zwischen 70,1 % (*Radio Dresden*) und 90,7 % (*Radio Lausitzwelle*). Die Werbeanteile betrugen zwischen 2,3 % (*apollo radio)))*) und 10,3 % (*Radio Dresden*). Jingles machten zwischen 0,5 % (*Radio Lausitzwelle*) und 5,3 % (*Radio Chemnitz*) des Sendevolumens aus (vgl. Tabelle 2).

Bei den nichtkommerziellen Sendern und Hochschulradios war der Wortanteil der Beiträge insgesamt deutlich größer als bei den kommerziellen Programmen (54,6 % gegenüber 41,6 %). Die Musikanteile waren ähnlich groß (26,7 % bzw. 22,2 %). Senderjingles kamen dagegen seltener vor (16,4 % gegenüber 24,8 %). Erwartungsgemäß war auch der Werbeanteil deutlich geringer als bei den kommerziellen Radios (2,4 % gegenüber 11,0 %).

Berücksichtigt man die zeitliche Dauer der einzelnen Wort-, Musik- und Werbebeiträge sowie der Jingles, so rückt auch bei den nichtkommerziellen Sendern und den Hochschulradios der Musikanteil deutlich nach vorn. 71 % der ausgestrahlten Sendezeit wurden hier durch Musik bestritten. Der Wortanteil lag bei einem Viertel des Programms (26,9 %). Damit war der Wortanteil hier etwa doppelt so groß wie bei den kommerziellen Sendern, wobei zu berücksichtigen ist, dass die nichtkommerziellen Sender und Hochschulradios meist kein Vollprogramm ausstrahlten (Ausnahme: *99drei Radio Mittweida*). Jingles spielten in zeitlicher Hinsicht kaum eine Rolle (1,8 %), ebenso Werbung (0,3 %) (vgl. Abbildung 4).

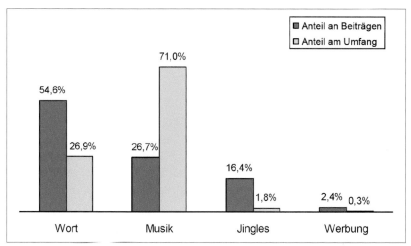

Abbildung 4: Wortanteil, Musikanteil in den nichtkommerziellen Sendern und Hochschulradios

Die einzelnen kommerziellen bzw. nichtkommerziellen Sender unterscheiden sich hinsichtlich der Struktur ihres Programmangebots aber durchaus voneinander. Das wird besonders bei der Betrachtung des Anteils von Wort, Musik, Jingles und Werbung am Sendevolumen deutlich.

Bezogen auf den gesamten erfassten Sendeumfang lagen die Wortanteile bei den kommerziellen Vollprogrammen zwischen 6,5 % (*Radio Lausitzwelle*) und 20,6 % (*Radio PSR*). Die Musikanteile lagen zwischen 70,1 % (*Radio Dresden*) und 90,7 % (*Radio Lausitzwelle*). Die Werbeanteile betrugen zwischen 2,3 % (*apollo radio)))* und *Radio Lausitzwelle*) und 10,3 % (*Radio Dresden*). Jingles machten zwischen 0,5 % (*Radio Lausitzwelle*) und 5,3 % (*Radio Chemnitz*) des Sendevolumens aus.

Noch deutlicher sind die Unterschiede zwischen den untersuchten nichtkommerziellen Sendern, wobei *99drei Radio Mittweida* deutlich heraussticht. Der Sender hatte mit 89,9 % einen deutlich größeren Musikanteil als die anderen nichtkommerziellen Programme und auch mehr als *mephisto 97.6*, das zweite Hochschulradio (47,5 %). Dem gegenüber war der Wortanteil mit 7,4 % deutlich geringer als bei den anderen Sendern dieser Gruppe. Im Hinblick auf die Struktur des Programms entspricht *99drei Radio Mittweida* damit eher einem kommerziellen Radioprogramm, weist aber als nichtkommerzieller Sender nicht deren Werbeanteil auf. *mephisto 97.6* entspricht mit seinem großen Wortanteil von der Struktur her den nichtkommerziellen Radios.

Die drei nichtkommerziellen Sender *Radio Blau*, *Radio T* und *colo-Radio* wiesen einen deutlich höheren Wortanteil als die anderen untersuchten Sender auf. Bei *coloRadio* lag der Wortanteil mit 53,5 % sogar höher als der Musikanteil (45,4 %). Werbung kam bei diesen Sendern allenfalls als Eigenwerbung für das eigene Programm oder einzelne Sendungen vor; Jingles nahmen ebenfalls keinen großen Raum ein.

Bei den Hochschulradios gab es allein bei *99drei Radio Mittweida* einzelne eindeutige Formen von Werbung. Das Programm bezeichnet sich zwar als werbefrei, strahlte aber in den untersuchten Sendungen insgesamt 52 Sponsorenhinweise aus. Hier zwei Beispiele:

- Sponsoring der Wettervorhersage in der Sendung „Die Frühflieger": *„99drei Mittweida.* Das Wetter ... wird Euch präsentiert von der Volksbank Mittweida e.G. Pay direkt. Kennst Du nicht? Dann wird es Zeit. Pay direkt ist ein Service der Volksbank Mittweida e.G., der das Bezahlen im Internet vereinfacht."

- Sponsoring des Stellenmarktes: „Der *99drei* Arbeitsmarkt ... wird Euch präsentiert von Die Schneider-Gruppe, Euer Renault- und Dacia-Partner in der Straße des Friedens in Mittweida. Automobile nach Maß. Die Schneider-Gruppe."

Die nachfolgende Tabelle 2 gibt einen Überblick über die Wortanteile, Musikanteile und Werbeanteile am Sendevolumen.

	Wortanteil	Musikanteil	Werbeanteil	Jingles
Kommerzielle Programme				
R.SA Sachsen	17,3	72,1	8,3	2,3
Radio PSR	20,6	71,6	6,8	1,0
Radio Leipzig	14,7	71,4	8,9	5,1
Radio Dresden	14,4	70,1	10,3	5,2
Radio Chemnitz	14,1	71,7	8,8	5,3

	Wortanteil	Musikanteil	Werbeanteil	Jingles
Kommerzielle Programme				
Radio Zwickau	14,6	71,5	8,7	5,2
Radio Erzgebirge	14,2	71,8	8,8	5,2
Radio Lausitz	14,5	71,6	8,7	5,2
HITRADIO RTL Sachsen	13,0	79,1	6,4	1,5
Energy Sachsen	11,5	78,5	6,3	3,8
Vogtlandradio	14,1	74,2	8,7	2,9
Radio Lausitzwelle	6,5	90,7	2,3	0,5
Radio WSW	10,9	78,8	5,5	4,8
apollo radio)))	9,8	85,3	2,3	2,7
Nichtkommerzielle und Hochschulradios				
Radio Blau	47,7	51,3	0,3	0,7
Radio T	37,7	61,2	0,1	0,9
coloRadio	53,5	45,4	0,1	1,1
mephisto 97.6	48,2	47,5	0,3	3,9
99drei Radio Mittweida	7,4	89,8	0,4	2,4

Tabelle 2: Wortanteil, Musikanteil, Werbeanteil in Prozent vom Sendevolumen

3.3.2 Struktur der kommerziellen Sender in der Hauptsendezeit

Wie eingangs dargestellt, war der untersuchte Zeitraum in den einzelnen Sendern unterschiedlich; die Vollprogramme strahlten dabei täglich 24 Stunden aus und gingen mit diesem Programm in die Analyse ein.

Die Struktur der untersuchten Vollprogramme wies im 24-Stundenverlauf deutliche Veränderungen auf, wobei Wortanteil und Musikanteil eine gegenläufige Entwicklung zeigten. Im Zeitraum von 0:00 bis 5:00 Uhr dominierte der Musikanteil eindeutig, Wortbeiträge beschränkten sich zumeist auf Nachrichtenmeldungen. Ab 5:00 Uhr stieg der Wortanteil deutlich an und erreichte in der Zeit zwischen 6:00 und 8:00 Uhr einen Höhepunkt. Der Musikanteil ging in dieser Zeit entsprechend zurück. Zwischen 10:00 und 13:00 Uhr lag der Wortanteil wieder deutlich niedriger als in den frühen Morgenstunden. Am Mittag und frühen Nachmittag erreichte der Wortanteil einen zweiten Peak, ging dann leicht zurück und erreichte gegen 19 Uhr noch einmal ein Maximum, bevor er am späteren Abend wieder sehr deutlich zurückging (vgl. Abbildung 5).

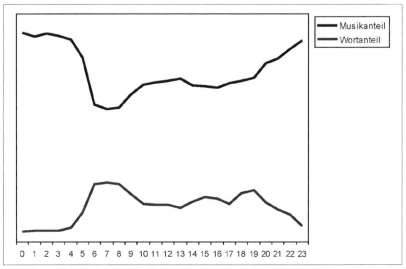

Abbildung 5: Wort- und Musikanteile bei den kommerziellen Programmen im Tagesverlauf

Das bedeutet: Untersucht man die Struktur bei den Vollprogrammen anhand der ausgestrahlten 24 Stunden, so wird das Ereignis stark durch die musikintensiven Nachtstunden geprägt. Der Wortanteil fällt damit geringer aus, als es beispielsweise der Großteil der Radiohörerinnen und -hörer wahrnimmt, die das Programm eher in den frühen Morgenstunden oder am Nachmittag verfolgen, aber nicht nachts. Es erscheint daher angemessen, für die Vollprogramme zusätzlich zu einer 24-Stunden-Auswertung auch eine Auswertung für die Kernsendezeit von 05:00 Uhr und 20:00 Uhr durchzuführen. Mit dieser Begrenzung verändern sich erwartungsgemäß auch die Anteile von Wortbeiträgen, Musik, Werbung und Jingles am ausgestrahlten Programm. Lässt man die Nachtstunden außen vor, verringert sich der Musikanteil von 75,6 % auf 68,0 % und der Wortanteil steigt von 13,6 % auf 17,9 %. Ohne die Nachtstunden, in denen kaum Werbung ausgestrahlt wird, erhöht sich auch der Werbeanteil von 7,1 % auf 10,5 % des Sendeumfangs. Von der Begrenzung unberührt bleibt der Anteil an Jingles, die nach wie vor 3,6 % des jeweiligen Sendevolumens umfassen. Der Anstieg des Wortanteils und der Rückgang des Musikanteils zeigten sich bei allen untersuchten Sendern.

	Wortanteil	Musikanteil	Werbeanteil	Jingles
Kommerzielle Sender im Zeitfenster von 05:00 bis 20:00 Uhr				
R.SA Sachsen	20,3	65,5	11,7	2,5
Radio PSR	24,2	64,5	10,5	0,8
Radio Leipzig	19,4	62,5	13,1	4,9
Radio Dresden	19,2	62,5	13,2	5,1
Radio Chemnitz	18,7	62,8	13,2	5,3
Radio Zwickau	19,3	62,8	12,9	5,0
Radio Erzgebirge	18,7	63,3	12,9	5,1
Radio Lausitz	19,2	62,9	12,9	5,1
HITRADIO RTL Sachsen	16,9	72,0	9,4	1,7
Energy Sachsen	16,6	70,6	9,2	3,7
Vogtlandradio	21,3	62,7	13,5	2,4
Radio Lausitzwelle	10,5	85,0	3,7	0,8
Radio WSW	13,6	74,1	7,5	4,8
apollo radio)))	13,6	80,5	3,3	2,6

Tabelle 3: Wort-, Musik- und Werbeanteile in den untersuchten kommerziellen Radioprogrammen im Zeitfenster von 05:00 bis 20:00 Uhr (Anteil an der Sendedauer) in Prozent

3.3.3 Art der Wortbeiträge

In der vorliegenden Untersuchung wurde die Art der Wortbeiträge differenziert erfasst. Für die Analyse wurde zwischen folgenden Beitragsarten unterschieden:

- Informationsbeiträge,
- Servicebeiträge,

- Unterhaltungsbeiträge (Wortbeiträge mit geringem Informationsgehalt),

- Moderationen (An- und Abmoderationen von Musiktiteln) und

- sonstige Beiträge (z. B. Impressumsangaben oder fremdsprachige Beiträge, die sich nicht zuordnen ließen).[4]

Bei den untersuchten kommerziellen Programmen hatten 61,8 % aller Wortbeiträge Informationscharakter. Hierzu gehörten Nachrichten und Berichte in den Nachrichtensendungen, Interviews und informative Studiogespräche, Veranstaltungshinweise und vieles mehr. Serviceinformationen umfassten 19,3 % aller Wortbeiträge. Hierzu gehörten insbesondere Wetter-, Verkehrs- und Blitzermeldungen. 9,4 % aller Wortbeiträge hatten unterhaltenden Charakter. Hierzu gehören Spielshows, Quizsendungen, unterhaltsamer Studio-Talk und Horoskope. Ebenso häufig waren Moderationsbeiträge, also die An- oder Abmoderation von Musiktiteln, die 9,5 % aller Wortbeiträge ausmachten (vgl. Abbildung 6).

Nimmt man die zeitliche Dauer der einzelnen Wortbeiträge zum Maßstab, ändert sich dieses Bild nicht grundsätzlich. Bezogen auf die zeitliche Dauer machten diese Beiträge 59,9 % des gesamten zeitlichen Wortangebots aus. Der Serviceanteil an den Wortbeiträgen umfasste 19,0 %. Da unterhaltsame Beiträge oftmals länger sind, umfassten unterhaltsame Wortbeiträge 14,8 % der Wortberichterstattung. Auf Moderationen entfiel ein Anteil von 6,1 % am Umfang.

---

4 So gab es am 27.10.2019 bei *coloRadio* eine fremdsprachige Sendung (möglicherweise in indischer Sprache), die sich nicht zuordnen ließ.

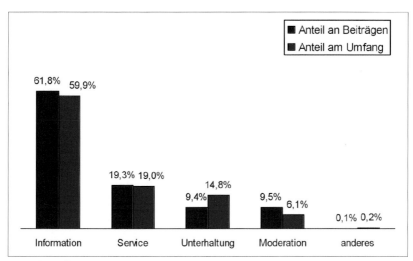

Abbildung 6: Anteil der Wortbeiträge in kommerziellen Programmen

Bei nichtkommerziellen Sendern und Hochschulradios war der Anteil informativer Wortbeiträge noch etwas größer als bei den kommerziellen Anbietern (66 %). Auch Moderationen nahmen von der Anzahl der Beiträge einen größeren Platz ein (18,4 %). Demgegenüber gab es deutlich seltener Wortbeiträge mit Servicecharakter (6,4 %). Im Hinblick auf unterhaltsame Beiträge unterschieden sich die nichtkommerziellen Sender insgesamt nicht von den kommerziellen Veranstaltern (9,0 %), (vgl. Abbildung 7).

Hinsichtlich der Dauer haben 77,7 % des gesamten Wortangebots bei den nichtkommerziellen Sendern und den beiden Hochschulradios informativen Charakter. Das ist deutlich mehr als bei den kommerziellen Sendern. Unterhaltsame Wortbeiträge machen 13,8 % des Wortanteils aus und Moderationen 6,9 %. Servicebeiträge spielen mit einem Anteil von 1,5 % am zeitlichen Umfang kaum eine Rolle.

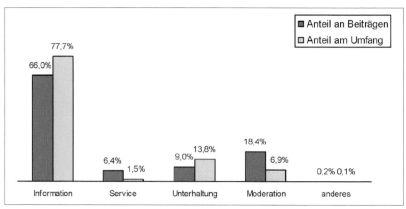

Abbildung 7: Anteil der Wortbeiträge in nichtkommerziellen Programmen und Hochschulradios

Ein Blick auf die einzelnen Sender zeigt zahlreiche Gemeinsamkeiten, aber auch Unterschiede. So wies *Energy Sachsen* bei den Wortbeiträgen einen höheren Unterhaltungsanteil und mehr Moderationen auf als andere Sender. Bei *Radio WSW, Radio Lausitzwelle* und *apollo radio)))* waren die Wortbeiträge vor allem informativ (vgl. Tabelle 4).

Informative Wortbeiträge prägten auch bei den nichtkommerziellen Sendern und Hochschulradios das Bild. Der Informationsanteil der Wortbeiträge lag hier zwischen 70,7 % (*Radio Blau*) und 83,3 % (*coloRadio*). *Radio Blau* wies einen vergleichsweise größeren Unterhaltungsanteil auf, meist Studio-Talk (23,5 %).

	Information	Service	Unterhaltung	Moderation
Kommerzielle Programme				
R.SA Sachsen	59,3	18,9	14,7	7,1
Radio PSR	60,2	18,1	15,2	6,4
Radio Leipzig	58,2	18,2	17,6	5,8
Radio Dresden	60,0	17,4	17,4	5,0
Radio Chemnitz	59,1	17,9	17,3	5,5
Radio Zwickau	59,6	17,5	17,2	5,5
Radio Erzgebirge	58,8	18,0	17,7	5,4

	Information	Service	Unterhaltung	Moderation
Kommerzielle Programme				
Radio Lausitz	59,4	17,7	17,4	5,3
HITRADIO RTL Sachsen	63,8	26,6	6,4	2,5
Energy Sachsen	35,0	23,3	27,1	14,5
Vogtlandradio	49,8	31,5	14,1	4,5
Radio Lausitzwelle	72,3	16,6	0,0	10,7
Radio WSW	83,0	10,7	4,6	1,2
apollo radio)))	71,6	9,9	9,7	8,7
Nichtkommerzielle und Hochschulradios				
Radio Blau	70,7	0,8	23,5	5,0
Radio T	77,5	0,8	11,6	10,2
coloRadio	83,3	0,4	11,3	5,0
mephisto 97.6	79,5	3,7	12,0	4,6
99drei Radio Mittweida	78,4	4,6	5,8	11,3

Tabelle 4: Art der Wortbeiträge (Anteil am Sendeumfang) in Prozent. Differenz zu 100 % = sonstiges

3.3.4 Themen der Informationsbeiträge

Als Informationsbeiträge wurden, wie bereits erläutert, alle Nachrichten und Berichte zusammengefasst, bei denen die Information der Hörerinnen und Hörer im Vordergrund steht. Unterschiede zwischen den untersuchten Sendern gab es dabei mit Blick darauf, welches Themenspektrum die Informationsbeiträge aufwiesen, welchen regionalen Bezug sie hatten und inwieweit sie im laufenden Programm wiederholt wurden.

Nicht eingeschlossen sind in diesem Zusammenhang An- und Abmoderationen von Informationsbeiträgen, Themenübersichten vor Nachrichten und Servicebeiträge wie Wetter, Verkehrsnachrichten und Blitzermeldungen. Für alle anderen Informationsbeiträge wurde das Thema anhand folgender Kategorien erfasst:

- <u>Politik:</u> Hierunter fielen Berichte über politische Themen und Handlungen, also politische Entscheidungen, Berichte über politische Handlungsträger und Institutionen, politische Konflikte und Konfliktthemen (z.B. Klimapolitik, Populismus, Polizeigewalt), militärische Auseinandersetzungen etc.

- <u>Gesellschaft, Soziales:</u> Hierunter fielen Berichte über Themen mit weitreichender gesellschaftlicher Relevanz, wie gesellschaftliche und demografische Entwicklungen, soziale Sicherungssysteme, Rente, Altersvorsorge, Arbeitslosigkeit, Integration und Fremdenfeindlichkeit, Parallelgesellschaften, Radikalisierung gesellschaftlicher Gruppen und Kriminalität als gesellschaftliches Problem (hier auch Hass im Internet).

- <u>Wirtschaft:</u> Hierunter fielen Berichte über wirtschaftliche Entwicklungen und das Handeln wirtschaftlicher Akteure (Unternehmen, Unternehmensvertreter, Banken, Verbände, Gewerkschaften etc.) und Berichte über Währungs- und Zinspolitik (soweit nicht als gesellschaftliches Thema dargestellt), wirtschaftliche Kennzahlen (BIP, Verschuldung), Handelsabkommen etc.

- <u>Sport:</u> Hierunter fielen alle Berichte aus dem Breitensport und dem Spitzensport wie aktuelle Sportergebnisse, Meldungen aus Sportligen etc.

- <u>Kultur:</u> Hierunter fielen alle Berichte zum Thema Kunst und Kultur wie Beiträge über Musik, Kino, Museum, Ausstellungen, Kunstveranstaltungen, Künstler etc.

- <u>Private Lebenswelt:</u> Hierunter fielen Themen, die der privaten Lebenswelt der Bevölkerung zugeordnet werden können, sogenannte Alltagsthemen. Hierzu gehören die Bereiche Gesundheit, Verbrauchertipps, Haushalt, Sparen, Arbeitsplatz, Bauen/Wohnen, Familie, Kinder/Erziehung, Mode aber auch Probleme wie private Unglücke, Krankheiten, Kriminalität im privaten Umfeld (z.B. Einbrüche).

- <u>Human Interest:</u> Hierunter fielen Berichte, die der menschlichen Neigung nach Sensationen sowie Klatsch und Tratsch Rechnung tragen, wie Berichte über Prominente, kuriose Meldungen, außergewöhnliche Begebenheiten etc.

- Natur, Umwelt, Umweltschutz: Hierunter fielen alle Berichte über Natur, Tier- und Pflanzenwelt, aber auch über Naturkatastrophen (Waldbrände, Überschwemmungen).

Zunächst wurden auch hier die Daten als prozentuale Anteile an der Anzahl sowie am zeitlichen Volumen der Informationsbeiträge ausgewiesen. Da die Unterschiede der beiden Messgrößen nicht gravierend waren, wurden die Anteile der verschiedenen Themen an der Zahl der Beiträge und ihrem zeitlichen Umfang gemeinsam dargestellt.

Für die untersuchten kommerziellen Sender kann man sagen: Sie decken ein breites Themenspektrum ab. Beiträge aus der privaten Lebenswelt (23,3 % des zeitlichen Umfangs) und Berichte aus der Politik (21,0 %) standen zwar etwas im Vordergrund, dominierten die Berichterstattung aber keineswegs. Auch Kultur, Sport und Gesellschaft kamen in der Berichterstattung nicht zu kurz. Hinzu kamen Meldungen aus der Wirtschaft oder zu den Themen Natur und Umwelt (vgl. Abbildung 8).

Indem sie dem privaten Lebensumfeld breiten Raum einräumen, haben die privaten Hörfunksender für die Hörer einen großen Nutzwert. Dabei kann es sich um Nachrichtenbeiträge wie die nachfolgenden handeln:

- „Die Wundtstraße ist nur noch einspurig befahrbar" (*Radio Leipzig* in „Kompakt" am 21.10.2019).

- „Eislaufbahn in Görlitz eröffnet." (*Radio Lausitz* in „Kompakt" am 22.11.2019) oder

- „Die Wasserpreise in Zwickau steigen." (*Radio Zwickau* am 30.11.2019).

Kulturberichte spielten im Hinblick auf ihren zahlenmäßigen Anteil und auf den Anteil am Sendeumfang ebenfalls eine große Rolle (14,5 % bzw. 15,8 %). Hierzu gehörten vor allem die zahlreichen Ausgeh- und Freizeittipps, aber auch Informationsbeiträge zu Hoch- und Popkultur. Bei *R.SA Sachsen* waren das etwa die Sendung „Mister Music" oder „Die Geschichte der Popmusik" mit Lutz Stollberg, bei denen die Wortbeiträge über bloße Moderationen hinausgingen und sich inhaltlich mit Musikthemen auseinandersetzten.

Etwa jeder zehnte Informationsbeitrag betraf den Themenbereich Sport, ebenso groß war dessen Anteil am zeitlichen Sendeumfang. Hinzu kamen Klatsch und Tratsch (9,9 % aller Informationsbeiträge und 8,0 % des zeitlichen Umfangs), Gesellschaft und Soziales (7,2 % aller Beiträge und 7,0 % der zeitlichen Dauer), Wirtschaftsthemen (4,8 % aller Informationsbeiträge und 4,5 % der Sendedauer) sowie Beiträge zu Natur und Umwelt (4,8 % aller Beiträge bzw. 4,2 % ihrer Sendedauer).

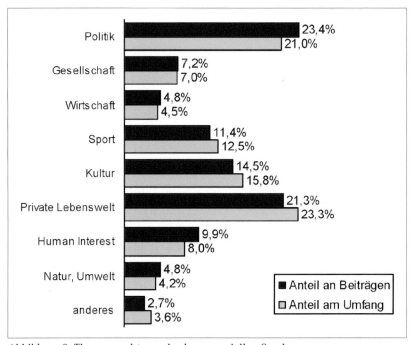

Abbildung 8: Themenspektrum der kommerziellen Sender

Die kommerziellen Sender wiesen hinsichtlich des Themenspektrums ihrer Informationsbeiträge Unterschiede auf, die es sinnvoll machen, die Berichterstattung näher unter die Lupe zu nehmen (vgl. Tabelle 5).

So muss auf den ersten Blick für Erstaunen sorgen, dass der Politikanteil bei *apollo radio)))* mit 37,9 % am Sendeumfang deutlich herausragte. Der Grund hierfür ist jedoch einfach: Das Informationsangebot des Senders wird vor allem durch die Nachrichtensendungen geprägt, in denen Politik eine große Rolle spielt. Dies soll anhand der Meldungen der zufällig ausgewählten Nachrichtensendung vom 06.12.2019, 15 Uhr, illustriert werden:

- Beginn des SPD-Parteitags in Berlin, O-Ton Saskia Esken;
- Merkel besucht Auschwitz, O-Ton Angela Merkel, Hintergrund zum Vernichtungslager Auschwitz;
- Herbstkonferenz in Lübeck: Innenminister von Bund und Ländern wollen stärker gegen Rechtsextremismus vorgehen, Korrespondentenbericht;
- Weltklimakonferenz in Madrid: Klimamarsch mit Greta Thunberg und
- Fußball-Bundesliga: Frankfurt empfängt abstiegsbedrohte Hertha.

Selbstverständlich gibt es bei *apollo radio)))* auch andere informative Wortbeiträge, doch schlagen sich diese angesichts des stündlichen bzw. halbstündlichen Nachrichtenangebots eher begrenzt nieder. Oft handelt es sich dabei um kulturelle Themen, was wiederum den überdurchschnittlichen Anteil an den Informationsbeiträgen erklärt (20,8 %). Hierzu gehören beispielsweise die folgenden regelmäßigen Beiträge:

- „Lesezeichen" (Buch-Empfehlungen),
- „Schlauhören" (kurze Wissensbeiträge),
- „Jazz-Geschichten" (biografische Portraits aus der Jazz-Szene) und
- „Kulturimpulse" (Veranstaltungshinweise).

Bei verschiedenen Sendern war der Sportanteil am Gesamtumfang deutlich größer als bei anderen. Dies trifft vor allem auf *Radio WSW* zu, aber auch auf die Sender des Sachsen-Funkpakets. Bei *Radio WSW* erklärt sich der große Sportanteil (20,8 % des Umfangs) durch die Live-Übertragungen von Spielen der Lausitzer Füchse in der zweiten Eishockey-Bundesliga. Im Untersuchungszeitraum übertrug *Radio WSW* in der Sendung „Bully-Zeit" etwa das Heimspiel der

Lausitzer Füchse am 27.10.2019 gegen die Eispiraten Crimmitschau und das Heimspiel am 22.11.2019 gegen die Ravensburg Towerstars.

Bei den Sendern des Sachsen-Funkpakets erklärt sich der überdurchschnittliche Sportanteil dadurch, dass über die sächsischen Mannschaften der ersten, zweiten und dritten Fußballbundesliga häufig berichtet wird. In den Sendern des Sachsen-Funkpakets waren außerdem Berichte aus dem privaten Lebensumfeld häufiger vertreten als in anderen Sendern. Dabei handelt es sich beispielsweise um die regelmäßige Ratgeberrubrik „Das Geld" mit Verbraucherhinweisen rund um Haus, Urlaub, Versicherung und Geldanlage innerhalb der Nachrichten (z. B. Aufruf an die Verbraucher: Kauft fair gehandelte Schokolade! (30.11.2019) oder Infos zur Öffnung von Adventsmärkten (30.11.2019)).

Bei *Radio WSW* gab es vor allem in den Morgenstunden zahlreiche Berichte zu Verbraucherthemen, bei denen es sich in der Regel um Promotionmaterial aus externen Quellen handelte. Da diese Beiträge aus Verbrauchersicht praktische Ratschläge enthielten, wurden sie (ungeachtet der Quelle) dennoch als redaktionelles Angebot erfasst und klassifiziert.

Im Themenangebot der nichtkommerziellen Sender und Hochschulradios spielt die Kultur eine deutlich größere Rolle als bei den kommerziellen Sendern, gut jeder vierte Beitrag (27 %) beschäftigte sich mit kulturellen Themen. Nimmt man die zeitliche Dauer als Kriterium, so wird der Stellenwert der Kultur noch deutlicher: Mehr als ein Drittel des gesamten Sendeangebots (36,1 %) wurde hier mit kulturellen Themen bestritten. Zweiter wichtiger Themenblock war die Politik, die 27,4 % aller Beiträge prägte und 24,3 % ihres zeitlichen Umfangs ausmachte. Gesellschaftliche Themen wurden in etwa jedem zehnten Beitrag angesprochen (9,8 %); da es sich dabei aber häufig um längere Beiträge handelte, nahmen gesellschaftliche Themen mit 18,9 % vom zeitlichen Umfang ebenfalls eine große Rolle ein. Umgekehrt verhält es sich bei Beiträgen über das private Lebensumfeld; diese kamen zwar häufig vor (19,4 %), waren aber meist nur kurz und umfassen daher lediglich 6,6 % des zeitlichen Umfangs (vgl. Abbildung 9).

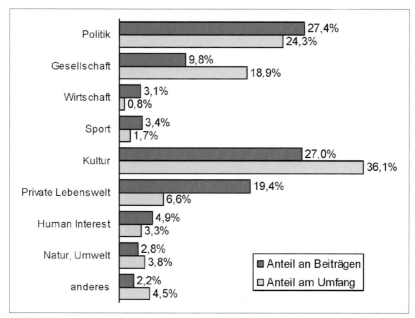

Abbildung 9: Themenspektrum der nichtkommerziellen Sender und Hochschulradios

Auch bei den nichtkommerziellen Sendern und den Hochschulradios zeigten sich Unterschiede im Themenspektrum (vgl. Tabelle 6). So zeichnet sich *Radio T* durch einen überdurchschnittlich umfangreichen Kulturanteil aus, der 43,0 % des Informationsumfangs ausmachte. Die Gründe für diesen großen Umfang sind u. a.:

- das Kulturmagazin „Calle" (vom 06.11.2019),
- das Radiospezial „Ostmoderne in Chemnitz" (27.10.2019),
- das Radiospezial mit Alf Ator von der Band Knorkator (27.10.2019),
- das Radiospezial mit der Lesung „Das eigensinnige Kind" (22.11.2019) und
- die Sendung „Neue Musik im Radio" mit einem Gespräch mit Jan Kummer, dem Sänger der Band Kraftklub (30.11.2019).

45

Mehr Kultur gibt es nur noch bei *mephisto 97.6*, wo kulturelle Berichte 49,6 % des Umfangs im Informationsangebot ausmachen. Warum das so ist, verrät bereits ein Blick in den Sendeplan. An den untersuchten Tagen wurden beispielsweise folgende Sendungen ausgestrahlt:

- „Lauschangriff" (21.10.2019),
- „Kultstatus" (29.10.2019),
- „M19 – das lange Interview" mit der Schauspielerin Mai Duong Kieu (06.11.2019) und
- „Der Tonleiter" (14.11.2019).

Bei *coloRadio* spielten hingegen gesellschaftliche und soziale Themen eine deutlich größere Rolle als bei den anderen Sendern (38,4 %). Auch hier gab es im Untersuchungszeitraum zahlreiche Sendungen (abseits vom „Tag des Feministischen Radios" am 21.10.2019, der auch von den anderen nichtkommerziellen Sendern ausgestrahlt wurde), in denen gesellschaftliche Themen im Vordergrund standen:

- die Sendungen „Pflegestützpunkt" zu Themen rund um das Thema Pflege (27.10.2019 und 29.10.2019),
- die Sendung „Arbeitswelt im Wandel" (29.10.2019),
- die Sendung „Migration und Psychologie" (16.11.2019) und
- die Sendung „Junges Radio" am 27.10.2019 zum Thema Suizid bei Jugendlichen.

	Politik	Kultur	Sport	Private Lebens- welt	weitere Themen- schwerpunkte
Kommerzielle Programme					
R.SA Sachsen	23,6	30,4	8,0	13,5	Gesellschaft/ Soziales: 15,2
Radio PSR	19,2	34,9	6,1	16,5	Gesellschaft/ Soziales: 11,2
Radio Leipzig	20,2	8,6	14,8	28,3	Human Interest: 12,4
Radio Dresden	17,7	7,9	17,3	31,9	Human Interest: 12,3
Radio Chemnitz	18,9	7,5	13,7	31,0	Human Interest: 12,8

	Politik	Kultur	Sport	Private Lebens- welt	weitere Themen- schwerpunkte
Kommerzielle Programme					
Radio Zwickau	18,8	7,2	15,9	29,7	Human Interest: 13,6
Radio Erzgebirge	18,3	7,0	14,3	29,6	Human Interest: 13,7
Radio Lausitz	20,9	6,7	13,6	29,2	Human Interest: 13,7
HITRADIO RTL Sachsen	18,6	27,5	7,2	16,6	Gesellschaft/ Soziales: 10,8
Energy Sachsen	29,1	24,1	5,5	12,6	Human Interest: 9,6
Vogtlandradio	13,4	17,2	14,6	26,1	Wirtschaft 13,3
Radio Lausitzwelle	21,5	16,5	4,6	21,9	Wirtschaft 12,5
Radio WSW	21,4	4,4	26,6	23,5	
apollo radio)))	37,9	20,8	6,6	11,6	Natur/Umwelt: 10,1

Tabelle 5: Themenspektrum der kommerziellen Sender (nach Programmumfang), Anteile in Prozent

	Kultur	Politik	Gesellschaft/ Soziales	weitere Themen- schwerpunkte
Nichtkommerzielle und Hochschulradios				
Radio Blau	39,4	29,5	11,4	
Radio T	43,0	27,7	14,3	Natur/Umwelt: 10,4
coloRadio	29,2	18,9	38,4	
mephisto 97.6	49,6	22,4	6,1	Private Lebenswelt 10,9
99drei Radio Mittweida	25,5	23,8	5,4	

Tabelle 6: Themenspektrum der nichtkommerziellen Sender und Hochschulradios (nach Programmumfang), Anteile in Prozent

3.3.5 Stellenwert der Themen

Für jeden Informationsbeitrag wurde festgehalten, ob es sich um ein internationales, überregionales, sachsenweites oder lokales Thema handelt. Ausgenommen wurden auch hier Themenübersichten am Beginn von Nachrichtensendungen. Für die Sender, deren Empfangsgebiet in benachbarte Bundesländer oder das Ausland hineinreicht, wurde dies ebenfalls vermerkt. Dies betraf:

- *Radio Lausitzwelle* mit Beiträgen über Gebiete im südlichen Brandenburg,
- *Radio Erzgebirge* mit Beiträgen aus dem benachbarten Thüringen und
- *Radio Lausitz* mit Berichten aus dem polnischen Grenzgebiet.

Bei den kommerziellen Hörfunksendern waren 38,4 % aller Informationsbeiträge regional oder lokal zu verorten. Mit 25,4 % war der Anteil lokaler Meldungen prägend. Hinzu kamen 13,0 % sächsische Themen. Berichte aus benachbarten Bundesländern oder Staaten umfassten insgesamt 1,1 % aller Beiträge, traten allerdings bei einzelnen Sendern durchaus in nennenswerter Anzahl auf. Die Mehrzahl der Berichte in den kommerziellen Sendern wies einen Bezug jenseits des Lokalen und Regionalen auf. In solchen Beiträgen ging es um überregionale (d. h. bundesweite) oder internationale Themen, oder um solche, die allgemeinen Charakter haben (z. B. Ernährung, Gesundheit) und daher geografisch nicht zuzuordnen sind. Nimmt man den Sendeumfang zum Maßstab für die regionale Ausrichtung der Sender, so verändert sich an dem dargestellten Bild nur wenig: 40,3 % des jeweiligen Sendeumfangs waren demnach lokale oder regionale Berichte (vgl. Abbildung 10).

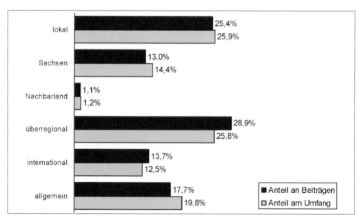

Abbildung 10: Regionaler Bezug der Beiträge in kommerziellen Sendern, Differenz zu 100 %: nicht entscheidbar

Bei verschiedenen Sendern zeigten sich im Hinblick auf die regionale Ausrichtung Besonderheiten. Da die regionale Ausrichtung an anderer Stelle noch ausführlicher thematisiert wird, sollen an dieser Stelle jeweils kurze Hinweise genügen (vgl. Tabelle 7): Meldungen aus dem benachbarten Bundesland bzw. aus Nachbarländern gab es – wie schon gezeigt – insgesamt zwar nur selten (1,1 %), bei *Vogtlandradio* spielen solche Berichte aber eine große Rolle. 20,9 % aller entsprechenden Beiträge und 16,1 % des Sendeumfangs bezogen sich hier auf Themen mit Bezug zu Thüringen. Diese regionale Ausrichtung entspricht dem Selbstverständnis der Vogtlandwelle als Informationsprogramm für das gesamte Vogtland. Die Nachrichtensendungen werden entsprechend mit den Worten angekündigt: „Die Nachrichten für das gesamte Vogtland. Aus Sachsen, Thüringen und der Welt". An einem zufällig ausgewählten Tag (21.10.2019) gab es beispielsweise folgende Meldungen aus Thüringen, die über den Tag mehrfach wiederholt wurden (unvollständige Auflistung):

- Gera: Mordprozess gegen einen 24-jährigen Afghanen,
- Gera: Brand in einem Mehrfamilienhaus,
- Morddrohungen gegen Politiker vor der Landtagswahl in Thüringen,
- Unfall auf der A4 bei Gera und
- Altenburg: Gewalttätiger Streit.

In geringerem Umfang trifft dies auch auf *Radio Lausitzwelle* zu (2,6 % der Beiträge bzw. 3,7 % des Sendeumfangs). Hierbei handelte es sich um Meldungen aus dem benachbarten Brandenburg, zum Beispiel:

- LEAG sieht den Braunkohleplan für den Tagebau Welzow Süd durch den Koalitionsvertrag der drei künftig in Brandenburg regierenden Parteien in Frage gestellt (29.10.2019),
- Peter Altmeier begrüßt Ankündigung von Tesla, in den Standort Brandenburg zu investieren (14.11.2019) und
- Ostsächsischer Sparkassenverband verleiht Unternehmerpreis in Potsdam (22.11.2019).

Ganz anders sieht das Bild bei *apollo radio)))* aus, wo lokale Berichte kaum vorkommen und lediglich 2,6 % der Sendezeit umfassten (bezogen auf die Informationsbeiträge). Auch bei *Radio WSW* war der lokale Anteil mit 8,3 % gering, was vor allem daran liegt, dass die stündliche Nachrichtensendung nicht lokal ist, ebenso die zahlreichen Ratgebersendungen. Die halbstündigen lokalen und regionalen Nachrichten werden nur werktags von 06:30–11:30 Uhr und 15:30–18:30 Uhr ausgestrahlt.

	lokal	Sachsen	über-regional	inter-national	Nachbar-land	allgemein
Kommerzielle Programme						
R.SA Sachsen	14,3	25,1	10,6	12,3	0,1	37,3
Radio PSR	8,8	21,5	12,4	11,4	0,0	45,7
Radio Leipzig	30,8	10,8	33,9	9,9	0,0	14,6
Radio Dresden	35,5	9,0	31,3	9,8	0,1	14,3
Radio Chemnitz	29,8	12,9	32,6	10,1	0,1	14,5
Radio Zwickau	32,8	10,7	31,6	9,9	0,1	14,8
Radio Erzgebirge	28,6	13,2	32,3	10,3	0,1	15,6
Radio Lausitz	31,8	14,0	30,7	9,5	0,1	13,8
HITRADIO RTL Sachsen	7,3	24,6	11,9	9,1	0,1	47,1
Energy Sachsen	24,7	14,3	23,5	15,0	0,0	21,0
Vogtlandradio	37,0	20,3	14,7	7,8	16,1	0,0
Radio Lausitzwelle	39,8	7,8	24,8	22,5	3,7	1,0
Radio WSW	8,3	8,3	27,6	16,4	0,1	11,8
apollo radio)))	2,6	2,6	48,2	29,3	0,0	3,3

Tabelle 7: Regionalbezug der Informationsbeiträge (nach Programmumfang), Anteile in Prozent

Bei den nichtkommerziellen Sendern und Hochschulradios ist die regionale Ausrichtung der Informationsbeiträge anders. Bezogen auf die Informationsbeiträge selbst weist die Berichterstattung hier einen deutlichen lokalen Schwerpunkt auf (44,6 % der Informationsbeiträge). Auch bundesweite (19,7 %) und internationale Berichte (21,2 %) sind häufig. Bezogen auf die Sendedauer nehmen Berichte mit internationalem Bezug großen Raum ein (34,4 % des zeitlichen Umfangs). Ebenso viel Zeit nehmen lokale Berichte in Anspruch (34,2 %) (vgl. Abbildung 11).

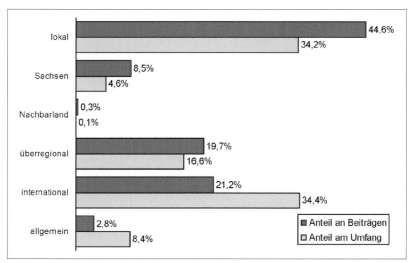

Abbildung 11: Regionaler Bezug der Beiträge in nichtkommerziellen Sendern und Hochschulradios, Differenz zu 100 %: nicht entscheidbar

Tabelle 8 gibt einen Überblick über die senderspezifischen Besonderheiten. Bei *mephisto 97.6,* aber auch bei *Radio T* standen in weiten Teilen des Programms lokale Inhalte im Vordergrund. Bei *Radio Blau* wiesen 60,6 % des zeitlichen Informationsangebots einen internationalen Bezug auf. Die nachfolgenden Beispiele illustrieren, welche einzelnen Sendungen hier besonders zu Buche schlugen:

- Sendung von *Radio Kompliza* über den Generalstreik in Chile, Asylrecht in der Schweiz, feministische Aktionen in der Schweiz (21.10.2019),
- Sendung „Pomba Gira – die wirbelnde Vulva. Gespräche mit Menschen, die sich als Frauen fühlen über sich selbst und ihre Körper" über Nicaragua (29.10.2019),
- Sendung „Italorama", per Telefon zugeschaltet die Sängerin/ Schauspielerin Tibo aus Mailand (29.10.2019),
- Themensendung Bolivien (14.11.2019),

- Sendung über Asja Lacis, lettische Schauspielerin und Regisseurin (30.11.2019) und

- Sendung „Vom Wohnen als Projekt"; Berichte aus Ungarn und Polen (27.10.2019).

	lokal	Sachsen	über-regional	inter-national	anderes
Nichtkommerzielle und Hochschulradios					
Radio Blau	22,3	3,6	10,4	60,6	3,1
Radio T	42,1	5,0	18,5	21,1	13,3
coloRadio	26,8	1,7	18,1	36,6	16,8
mephisto 97.6	64,8	8,6	10,3	9,0	7,3
99drei Radio Mittweida	36,3	9,2	25,7	22,7	6,1

Tabelle 8: Regionalbezug der Informationsbeiträge (nach Programmumfang), Anteile in Prozent

3.3.6 Wiederholung von Beiträgen

Wir bereits erwähnt, tauchen bei den nichtkommerziellen Programmen zahlreiche Sendungen im Informationsangebot mehrfach im Programm auf und stellen insofern Wiederholungen dar.

Bei den hier erfassten Informationsbeiträgen handelt es sich zum großen Teil um Nachrichtenmeldungen. Diese Meldungen werden über den Tag hinweg häufig wiederholt oder für einige Nachrichtensendungen ausgesetzt und zu einem späteren Zeitpunkt erneut aufgegriffen. Manche Meldungen wurden im Verlauf des Tages nicht verändert, andere Meldungen mehr oder weniger variiert. Wie es konkret aussehen kann, wenn Meldungen im Laufe eines Tages immer wieder aktualisiert werden, soll folgendes Beispiel aus dem Programm von *Radio Leipzig* zeigen. Herausgegriffen wurden die Meldungen über den Beginn des CDU-Bundesparteitags am 22.11.2019 in Leipzig, die zwischen 00:50 Uhr und 10:50 Uhr ausgestrahlt wurden, also noch vor Beginn des Ereignisses. In den elf Nachrichtensendungen gab es insgesamt nur drei wortgleiche Wiederholungen einer vorangegangenen Meldung. In allen anderen Fällen enthielt die Meldung über den bevorstehenden Parteitag völlig unterschiedliche Informationen, verschiedene O-Töne und war sprachlich verschieden:

00:50 Uhr: (1. Meldung) „Vor ihrem Parteitag in Leipzig hat sich die CDU um Geschlossenheit bemüht. Die Parteivorsitzende Kramp-Karrenbauer zeigte sich in mehreren Fernsehinterviews selbstsicher und offen für Diskussionen. Jeder, der ehrgeizig sei und die CDU besser und erfolgreicher machen wolle, sei ihr herzlich im Team willkommen, sagte Kramp-Karrenbauer mit Blick auf ihren Parteikollegen Merz, der sich heute beim Parteitag zu Wort melden will. Er gilt als möglicher Herausforderer Kramp-Karrenbauers im Rennen um die Kanzlerkandidatur der Union. Personaldebatten soll es in Leipzig aber nicht geben." O-Ton Kramp-Karrenbauer: „Der erste Schritt ist, die CDU auch inhaltlich so attraktiv zu machen, dass sie Mehrheiten gewinnen kann. Das ist die Grundvoraussetzung für alles andere." „das sagte Kramp-Karrenbauer im ZDF und rief damit zu einer Debatte über Sachthemen auf. Das Delegiertentreffen der CDU beginnt heute Vormittag und dauert bis morgen."

01:50 Uhr: (1. Meldung) „Kurz vor dem CDU-Parteitag hat sich Parteichefin Kramp-Karrenbauer offen für Diskussionen gezeigt. In mehreren Fernsehinterviews machte sie deutlich, dass sie sich nach ihrer Rede heute in Leipzig auf eine lebhafte Aussprache freut. Jeder, der die CDU besser und erfolgreicher machen wolle, sei ihr im Team willkommen, so Kramp-Karrenbauer mit Blick auf ihren Parteikollegen Merz, der sich ebenfalls zu Wort melden will. Er gilt als möglicher Herausforderer im Rennen um die Kanzlerkandidatur. Kramp-Karrenbauer machte aber deutlich, dass für Personaldebatten kein Platz sein soll. Bei n-tv sagte sie:" O-Ton Kramp-Karrenbauer: „Das ist ein Parteitag, wo es darum geht, dass wir Inhalte festlegen, dass wir arbeiten. Wir haben fast 500 Anträge zu bearbeiten, also insofern viel Zeit, um sich inhaltlich auseinander zu setzen und ich glaube, das ist auch genau das, was die Menschen von uns erwarten." „Der CDU-Parteitag in Leipzig beginnt am Vormittag und dauert bis morgen."

02:50 Uhr: Meldung wie 01:50 Uhr

03:50 Uhr: (1. Meldung) „In Leipzig beginnt am Vormittag der CDU-Bundesparteitag. Die Parteivorsitzende Kramp-Karrenbauer hat in Fernsehinterviews deutlich gemacht, dass dabei Sachthemen im Mittelpunkt stehen sollen. In der Aussprache will sich auch der frühere Unions-Fraktionschef Merz zu Wort melden, der als möglicher Konkurrent Kramp-Karrenbauers um die Kanzlerkandidatur gilt. Doch für diese Personalie sei es zu früh, so Kramp-Karrenbauer im ZDF." O-Ton Kramp-Karrenbauer: „Ich werde das Prinzip, werde das Verfahren von vorne führen. Endpunkt, Zielpunkt ist der Parteitag 2020. Aber das ist eine Debatte, die wir dann führen müssen, aus meiner Sicht und nicht heute. Heute geht es darum, Vertrauen, das verloren gegangen ist, dadurch zurückzugewinnen, dass wir uns eben nicht mit uns selbst beschäftigen, sondern mit den Themen, die die Menschen interessieren." „Die CDU-Chefin erwartet lebhafte Diskussionen etwa über die Themen Grundrente, Frauenquote oder den Umgang mit dem chinesischen Telekomausrüster Huawei. Der Parteitag in Leipzig dauert bis morgen."

04:50 Uhr: (1. Meldung) „Die CDU startet am Vormittag ihren zweitägigen Bundesparteitag in Leipzig. Mit Spannung werden die Rede der Parteivorsitzenden Kramp-Karrenbauer und die angekündigte Antwort des früheren Unions-Fraktionschefs Merz erwartet. Merz war Kramp-Karrenbauer vor rund einem Jahr bei der Wahl zum CDU-Vorsitz knapp unterlegen und gilt als Konkurrent um die Kanzlerkandidatur." Bericht von David Riema: „Einen Putsch gegen CDU-Parteichefin Kramp-Karrenbauer wird es beim Parteitag hier in Leipzig wohl nicht geben, ganz ausgeschlossen ist das allerdings nicht. Teile der CDU hatten im Vorfeld gefordert, auf diesem Parteitag über den Kanzlerkandidaten abzustimmen. Viele innerhalb der CDU trauen es Kramp-Karrenbauer nicht zu, sie halten Merz für geeignet. Die CDU-Chefin hat heute in der FAZ ein Machtwort gesprochen. Als Parteivorsitzende spiele sie bei der Bestimmung des Kanzlerkandidaten die führende Rolle. Abwarten, ob die Delegierten das auch so sehen werden. Aus Leipzig David Riema."

05:50 Uhr: (2. Meldung im nat./int. Nachrichtenblock) „Mit Sand im Getriebe fährt die CDU zum Bundesparteitag nach Leipzig. Dort geht es heute und morgen gleich um mehrere kontroverse Themen: Frauenquote, Grundrente und dann kommt es ja auch noch zum Show-down zwischen Parteichefin Kramp-Karrenbauer und ihrem Konkurrenten Merz."

06:50 Uhr: wie 05:50 Uhr

07:50 Uhr: wie 05:50 Uhr

54

08:50 Uhr: (2. Meldung im nat./int. Nachrichtenblock) „CDU-Chefin Kramp-Karrenbauer pocht vor dem Parteitag in Leipzig heute und morgen auf ihre Führungsrolle. Mit Blick auf die interne Debatte zur Kanzlerkandidatur sagte sie der Frankfurter Allgemeinen Zeitung, sie sei die Parteichefin und werde den Prozess von vorne führen. Die K-Frage solle erst im Herbst kommenden Jahres beantwortet werden."

09:50 Uhr: (1. Meldung im lok./reg. Nachrichtenblock) „In Leipzig ist derzeit viel Politprominenz unterwegs. Heute beginnt der CDU-Bundesparteitag in der Stadt. Radio-Leipzig-Reporter Stefan Ziegert mit den Einzelheiten: ‚Nach einem ökumenischen Gottesdienst in der Nikolaikirche wird am Vormittag der Bundesparteitag auf dem Messegelände eröffnet. Grußworte von Ministerpräsident Kretschmer, Oberbürgermeister Jung und Kanzlerin Angela Merkel sind geplant. In der CDU rumort es derzeit. Mit Spannung wird deshalb der Bericht von CDU-Chefin Annegret Kramp-Karrenbauer zur Lage der Union erwartet. Die anschließende Debatte und natürlich auch die Rede von Ex-Fraktionschef Friedrich Merz. Der Bundesparteitag geht noch bis morgen Nachmittag."

10:50 Uhr wie 9:50 Uhr, dazu: „Mehr zum CDU-Bundesparteitag auch gleich von meinem Kollegen Christian Weiß." (2. Meldung im nat./int. Nachrichtenblock) „Die CDU eröffnet ihren Parteitag in Leipzig. Parteichefin Kramp-Karrenbauer hat vor Beginn in der ARD eingeräumt, dass die Partei in einer schwierigen Situation ist. Ein Grund dafür ist die Personaldebatte. Einige in der Union hätten gern ihren Konkurrenten Merz als Kanzlerkandidaten. Kramp-Karrenbauer hat als Parteichefin aber das Vorrecht."

Solche inhaltlichen und sprachlichen Variationen waren jedoch nicht die Regel. Oft wurden Meldungen über mehrere Stunden oder den ganzen Tag weitgehend unverändert wiederholt. Gleiches gilt für die zahlreichen Veranstaltungshinweise. Auch Wissensbeiträge oder Ratgeberinformationen zählten zu den Informationsbeiträgen, die – einmal produziert – meist unverändert ausgestrahlt wurden.

Um zu ermitteln, in welchem Maße Informationsbeiträge wiederholt werden, wurde geprüft, ob es sich um die Wiederholung eines bereits zuvor gesendeten Wortbeitrags handelte oder nicht. Eine Wiederholung lag vor, wenn der Wortbeitrag unverändert oder weitgehend unverändert (z. B. unwesentlich gekürzt) zuvor schon einmal ausgestrahlt wurde. Keine Wiederholung lag vor, wenn der Wortbeitrag inhaltlich ergänzt, erweitert, sprachlich deutlich verändert oder substanziell gekürzt wurde. Im Zweifelsfall wurde der Beitrag eher als neu eingestuft, also nicht als Wiederholung. Auch die teilweise vorproduzierten Standardtexte („Wenn Sie einen Stau oder Blitzer sehen, rufen Sie uns an unter ...") wurden nicht als Wiederholungen gekennzeichnet.

Da eine künstliche Woche analysiert wurde, bei der die untersuchten Tage weit auseinander lagen, ließen sich nur solche Wiederholungen feststellen, die am gleichen Tag auftraten. Wiederholungen vom Vortag oder von einem anderen Tag konnten nicht ermittelt werden. Um Wiederholungen zu identifizieren, haben die Codierer Listen mit Meldungen und Themen angelegt, die helfen sollten, die im Tagesverlauf zeitlich weit auseinander liegenden Wiederholungen zu erkennen.

Von den 23.651 Informationsbeiträgen wurden in den 19 untersuchten Sendern insgesamt 11.802 als Wiederholungen eingestuft. Das entspricht einem Anteil von 49,9 %. Bei den untersuchten kommerziellen Programmen betrug der Anteil an Wiederholungen 50,7 %, variierte aber unter den Sendern recht stark (vgl. Abbildung 12).

apollo radio))) wiederholte Informationsbeiträge beispielsweise häufiger als andere Sender. Dies betraf vor allem Nachrichtenmeldungen, aber auch Veranstaltungshinweise, die über den Tag mehrfach unverändert ausgestrahlt wurden. Auch andere Informationsbeiträge wurden mehrfach wiederholt, so zum Beispiel: der Adventskalender oder „Schlauhören in 30 Sekunden". Da der Wortanteil bei *apollo radio)))* vergleichsweise niedrig war, schlugen solche Wiederholungen stark auf das Ergebnis durch.

Relativ wenige Wiederholungen gab es bei *HITRADIO RTL Sachsen* und bei den Sendern, die ihre Nachrichten von REGIOCAST beziehen. Einerseits verwendeten diese Sender eine große Anzahl verschiedener Meldungen und hatten somit nicht viel Raum für Wiederholungen. Andererseits wurden Meldungen, die mehrfach vorkamen, über den Tag hinweg laufend verändert. Hier Beispiele aus dem Nachrichtenangebot von *Energy Sachsen* vom 29.10.2019, die alle als originäre Meldungen codiert wurden, weil jede Meldung spezifische Informationen aufwies:

> 04:50 Uhr: „Nach den Landtagswahlen in Thüringen hat die Linke als stärkste Kraft den anderen Parteien Gespräche angeboten [...] Die Regierungsbildung wird schwierig werden. Bisher haben CDU und FDP ein Bündnis mit den Linken kategorisch ausgeschlossen [...]"

> 05:50 Uhr: „Die CDU in Thüringen schließt eine Zusammenarbeit mit der Linkspartei nun doch aus. Das hat Spitzenkandidat Mike Mohring erklärt. Er will zwar mit Ministerpräsident Ramelow sprechen, sieht für eine Koalition aber keine Chancen. Ähnlich äußerte sich der Chef der Jungen Union, Tilmann Kuban im Ersten: ‚Wir reden hier dreißig Jahre nach dem Mauerfall [...]'"

> 06:30 Uhr: „Die CDU schließt nun doch eine Koalition mit der Linkspartei in Thüringen aus. Schleswig-Holsteins Ministerpräsident Günther verwies auf entsprechende Parteitagsbeschlüsse, begrüßte aber, dass CDU-Spitzenkandidat Mohring mit Ramelow zumindest das Gespräch suche."

> 07:30 Uhr: „Die CDU wird in Thüringen keine Koalition mit der Linkspartei unter Ministerpräsident Ramelow eingehen. Das hat die Partei inzwischen kategorisch ausgeschlossen. Ein Gesprächsangebot Ramelows will CDU-Spitzenkandidat Mohring aber annehmen."

Bezogen auf die Sendedauer (zeitliche Dauer aller Informationsbeiträge) fallen die Anteile an Wiederholungen bei den verschiedenen Sendern meist etwas niedriger aus. Bei den kommerziellen Sendern umfassen die Wiederholungen von Informationsbeiträgen insgesamt 24,2 %. Das heißt, knapp ein Viertel der Sendezeit, in der Informationsbeiträge ausgestrahlt werden, wird durch Wiederholungen von Beiträgen gefüllt, die am gleichen Tag schon einmal ausgestrahlt wurden (vgl. Abbildung 13).

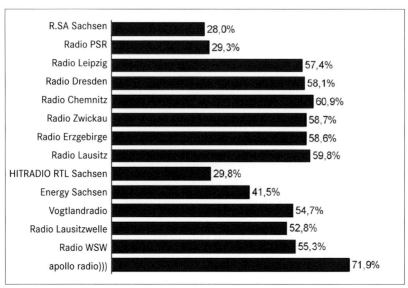

Abbildung 12: Wiederholungen von Informationsbeiträgen in den kommerziellen Programmen (Anteil der Beiträge)

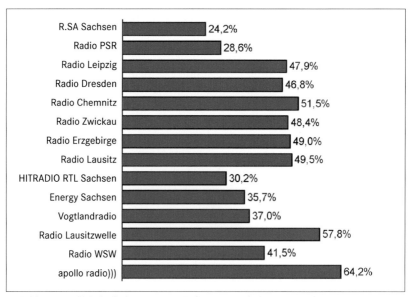

Abbildung 13: Wiederholungen von Informationsbeiträgen in den kommerziellen Programmen (Anteil am Sendeumfang)

Bei den nichtkommerziellen Programmen *Radio Blau, Radio T* und *coloRadio* gab es keine bzw. nur vereinzelte Wiederholungen (vgl. Abbildung 14). Bei *mephisto 97.6* betrafen die Wiederholungen vor allem den Nachrichtenblock in der zweiten Stunde der Sendung „Faustschlag", wo Meldungen der ersten Sendestunde wiederholt wurden. Deutlich mehr Wiederholungen gab es bei *99drei Radio Mittweida* (66,4 %). Hier liefen zahlreiche Nachrichtenbeiträge mehrfach unverändert im Programm, wie das folgende Beispiel vom 14. November 2019 zeigt:

> „Im Landkreis Mittelsachsen ist es offenbar erneut zu einem Fall von Betrugsanrufen gekommen. Auch aus dem Erzgebirgskreis wurde gestern ein weiterer Fall bekannt. Wie die Polizei mitteilte, übergaben oder verschickten zwei Frauen aus Freiberg und Olbernhau jeweils mehrere tausend Euro an Unbekannte. In den vergangenen Wochen war es in Sachsen vermehrt zu telefonischem Betrug gekommen. Die Polizei warnt vor Trickbetrügern, die sich als Verwandte oder Beamte ausgeben und insbesondere von Senioren hohe Geldsummen erbeuten."

Diese Meldung lief als Topmeldung in vier Nachrichtensendungen (06:00 Uhr, 06:30 Uhr, 07:00 Uhr, 07:30 Uhr) und als zweite Meldung um 08:00 Uhr, 08:30 Uhr, 09:00 Uhr und 09:30 Uhr. Der Beitrag wurde an diesem Tag also insgesamt achtmal unverändert ausgestrahlt.

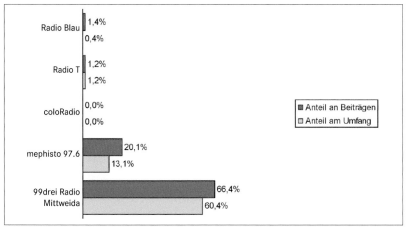

Abbildung 14: Wiederholungen von Informationsbeiträgen in den nichtkommerziellen Programmen und Hochschulradios

3.3.7 Crossmediale Hinweise

Bei der Codierung wurden sämtliche crossmedialen Hinweise erfasst. Ein solcher Hinweis lag vor, wenn in einem Beitrag oder einem Jingle auf Angebote des Senders in anderen Medien hingewiesen wurde. Meist handelte es sich dabei um Verweise auf die Webseite oder eine App und den Hinweis, dass es für die Hörerinnen und Hörer dort weitere Informationen gibt.

Insgesamt gab es in den untersuchten Programmen 2.519 crossmediale Hinweise. Die einzelnen Medien wiesen in ihrem Programm in unterschiedlichem Maße auf ihre Angebote auf anderen Kanälen hin (vgl. Abbildung 15).

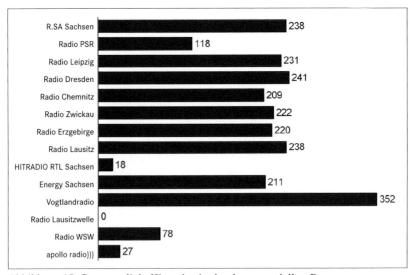

Abbildung 15: Crossmediale Hinweise in den kommerziellen Programmen

Die meisten crossmedialen Hinweise gab es bei *Vogtlandradio* (352 Hinweise), vor allem auf der Website „Vogtlandradio.de":

- Bei den Verkehrsmeldungen erfolgte jeweils der Hinweis: „Staus, Blitzer und mehr melden Sie uns bitte noch kostenlos unter 0800 30 30 113 oder auch per WhatsApp. Die Nummer finden Sie auf Vogtlandradio.de."

- Für Verlosungen, Gewinnspiele hieß es häufig: „Einfach mal auf Vogtlandradio.de anmelden."

- Nach den Veranstaltungstipps kam regelmäßig der Hinweis: „Sie können in der Zwischenzeit noch nach mehr Veranstaltungstipps gucken, und zwar bei uns im Internet: auf Vogtlandradio.de."

- Auch in zahlreichen Trailern und Jingles wurde die Webseite beworben: „Mehr Informationen auch auf Vogtlandradio.de."

Radio R.SA (238 Hinweise) gab vor jeder Nachrichtensendung den Hinweis auf die anderen Übertragungskanäle:

- „Hier ist R.SA, live auch über die App, DAB+ oder www.rsasachsen.de"

- „Haben Sie noch einen Trabantmotor [...] wir holen den weg, lachen Sie nicht, wenn Sie es nicht erwarten können, gerne googlen nach www.rsasachsen.de auf unserer Gemeinsam-Helfen-Plattform."

Radio Leipzig (und die anderen Sender der Gruppe): Crossmediale Hinweise gab es hier regelmäßig am Ende der Nachrichten: „Alles was bei uns wichtig ist, gibt es auch jederzeit online oder in unserer App" oder „Überall hören mir unserer Radio-Leipzig-App". Hingewiesen wurde auch auf das Streaming-Angebot und Sendungen im Netz. Insgesamt kam es so je nach Sender der Gruppe zu zwischen 209 und 241 Hinweisen:

- „Alle *Radio Leipzig*-Streams hören Sie auch über unsere App für jedes Handy, natürlich kostenfrei."

- „Mehr aus diesem wunderschönen Jahrzehnt finden Sie bei uns im Netz: radioleipzig.de, da haben wir einen extra Kanal eingerichtet: 90erxxl, da gibt es [...] Klicken Sie sich mal rein."

- „Der RB-Fanblock mit Florian Eib jede Woche auf *Radio Leipzig* und jederzeit auf radioleipzig.de."

Im Programm von *Energy Sachsen* gab es 211 crossmediale Hinweise, meist wurde auf die Webseite hingewiesen:

- „Jede Woche ein neues Album, jeden Tag ein neuer Hit draus. Dein Album der Woche immer um zwanzig vor drei. Gewinn das Album der Woche ganz easy jetzt auch online auf enery.de/sachsen."

- „Wir bringen Dich jeden Morgen knallwach in den Tag. Heute schenken wir Dir eine Kaffeespezialität von McCafe. Wir sind auf Tour, komm einfach vorbei. [...] Check alle Termine für unsere Tour auf energy.de/sachsen.“

- „Wenn Du noch was gesehen hast, einen weiteren Blitzer oder Stau, meldest Du Dich am besten unter 0800 50 fünfmal die 9 oder schreibst mir ganz einfach 'ne WhatsApp, wenn Du keinen Bock hast zu quatschen. Nummer findest Du ganz einfach auch auf energy.de/sachsen, unserer Homepage, direkt oben, siehst Du ganz schnell.“

Bei *Radio PSR* gab es 118 crossmediale Hinweise, häufig auf die App:

- „Einfach die ‚Mehr-PSR-App‘ herunterladen, einmal einloggen und schon ist der neue VIP-Bereich für Sie freigeschaltet. Erleben Sie Sachsens bestes Bonus-Programm, wählen Sie noch heute: radiopsr.de.“

- „*Radio PSR* – neue Nachrichten wieder in einer halben Stunde und jederzeit zum Nachhören in der ‚Mehr-PSR-App‘.“

Bei *Radio WSW* fanden sich 78 crossmediale Hinweise. Dabei handelte es sich um Programmtrailer auf die Sendung „Bully-Zeit“, in der die Spiele der Lausitzer Füchse im Radio und im Livestream übertragen werden: „Bully-Zeit. Live mit *Radio WSW* und den Lausitzer Füchsen. Alle Spiele der Lausitzer Füchse im Radio und auch im Live-Stream.“

apollo radio))) setzte crossmediale Hinweise sparsam ein (27 Hinweise). Dabei handelte es sich um regelmäßige Hinweise in der Abmoderation nach der Übertragung des Adventskalenders, bei dem täglich ein Kapitel aus der erzgebirgischen Geschichte „Kathrinchen Zimtstern“ vorgetragen wurde. Auch der Veranstaltungskalender wurde stets mit einem Hinweis zur Webseite abmoderiert:

- „Die Türchen von unserem apollo-radio-Adventskalender öffnen wir täglich um 06:40 Uhr circa und in der Wiederholung um 15:15 Uhr. Am Wochenende sind die Zeiten ein bisschen anders. Alle Informationen dazu finden Sie bei uns auf der Webseite unter apolloradio.de [...].“

- „Das eben Gehörte können Sie gerne auch noch einmal nachlesen, im Netz bei uns auf der Webseite unter apolloradio.de."
- „Unsere ‚Kulturimpulse' für ihren Donnerstagabend hier in Sachsen. Sie können alle Empfehlungen auch noch einmal in Ruhe nachlesen, im Netz unter apolloradio.de."

Bei *HITRADIO RTL Sachsen* und *Radio Lausitzwelle* gab es keine crossmedialen Hinweise auf das eigene Angebot, allerdings bei *Radio Lausitzwelle* mehrere Hinweise auf externe Webseiten. Dies war zum Beispiel der Fall bei den Promotionbeiträgen, die der Sender zu verschiedenen Verbraucherthemen ausstrahlte. Aber auch in mehreren Nachrichtenmeldungen gab es Hinweise auf Webseiten Dritter. Hier einige Beispiele aus dem Programm der *Lausitzwelle*:

- Zum Facebookauftritt und dem geplanten Instagram-Account der Stadt Welzow.
- Bitte um sachdienliche Hinweise des sächsischen Terrorabwehrzentrums auf deren Webseite.
- Tourismusmagazin „Sächsische Schweiz" online bestellen oder als E-Magazin auf der Webseite lesen.
- Bewerbung für Inklusionspreis des Landkreises Oberspreewald-Lausitz.
- Anmeldung zur Vortragsreihe der Verbraucherzentrale und des Z-Com-Museums telefonisch oder per Email.

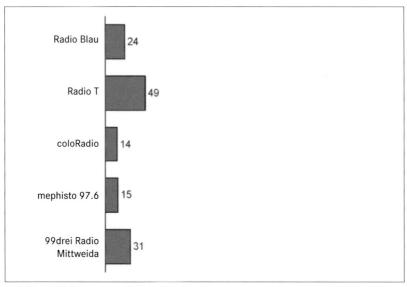

Abbildung 16: Crossmediale Hinweise in den nichtkommerziellen Programmen und Hochschulradios

Die nichtkommerziellen Sender und auch die Hochschulradios machen in ihren Sendungen deutlich seltener crossmediale Hinweise als die kommerziellen Sender (vgl. Abbildung 16). Wurden crossmediale Hinweise bei den kommerziellen Sendern häufig standardisiert und routinemäßig eingesetzt, so lässt sich das auch bei *Radio T* zeigen, wenn es zum Sendeschluss heißt: „... weitere Informationen zum Programm, Trägerverein und Reichweiten sind unter www.radiot.de zu finden." Meist waren die Hinweise auf Angebote in anderen technischen Medien bei den nichtkommerziellen Sendern aber anlassspezifisch und wurden von den Moderatorinnen und Moderatoren individuell ins Programm eingebaut. Bei *Radio T* (49 Hinweise) gab es solche Hinweise vor allem in den Sendungen des Studentenradios *UNiCC*, das täglich eine Stunde auf *Radio T* bestreitet und ansonsten im Webstream gehört werden kann. Entsprechend häufig wurde auf dieses Angebot hingewiesen:

- „Falls es Euch hier gefällt, hört natürlich nach der Sendung noch in unseren Webstream rein: Da gibt es noch mehr von unseren Tippi-Top-Redakteuren und Moderatoren, die Euch ein bisschen alternatives Angebot bieten zu den ganzen populären Radiosendern."

- „Wenn Ihr auch neugierig seid, dann schaut doch einfach mal in den Artikel auf unserer Homepage unter www.radio-unicc. de."

- „Den Beitrag mit Bildern findet Ihr auch noch mal auf www.radio-unicc.de: anklicken, anschauen und anhören."

- „... Ihr könnt einfach mal auf unserer Webseite oder unseren Sozialen Netzwerken vorbeischauen, denn da findet Ihr ein paar coole Berichte, ein paar coole Fotos. Wir heißen überall *Radio UNiCC*... das nur als kleiner Tipp am Rande."

Radio Blau (24 Hinweise) wies mit crossmedialen Hinweisen auf die Empfangsfrequenzen und den Livestream hin, der über die Webseite radioblau.de genutzt werden kann. Hinzu kamen mehrere Hinweise in den Moderationen der verschiedenen Programme.

- „Einen wunderschönen Abend, wir haben es kurz nach 18:00 Uhr. Ihr hört *Radio Blau*. Und wie immer Montag bis Freitag sind wir 18:00 bis 23:00 Uhr für Euch on air. [...] Auf folgenden Frequenzen sind wir zu hören [...] oder auch im Livestream auf unserer Webseite radioblau.de, wo Ihr auch weitere Informationen zum freien Radio in Leipzig findet."

- „Über unsere Sendezeit hinaus könnt Ihr uns hören über unseren Livestream, den Ihr natürlich auf der Webseite radioblau.de findet."

- „Möchtest Du vielleicht auch bei *Radio Blau* mitmachen, mit einer eigenen Sendung? Oder mit kleineren Beiträgen? Oder eher im Hintergrund? Das geht ganz einfach: Am dritten Mittwoch jeden Monats kannst Du Dich impfen lassen mit den wichtigsten Informationen zum Einstieg bei *Radio Blau*. ... Mehr Infos unter Radioblau.de."

Bei *mephisto 97.6* fanden sich 15 crossmediale Hinweise auf eigene Angebote:

- „... wenn Ihnen bis dahin noch ein bisschen langweilig ist, dann schauen Sie doch mal ins Internet, da gibt es ganz viele tolle Inhalte von *mephisto 97.6* und zwar auf unserer eigenen Webseite mephisto976.de mit Beiträgen und auch auf Facebook, Youtube, Twitter und Instagram. Ganz, ganz viele schöne, tolle Sachen und viele Sendungen gibt's auch nochmal zum Nachhören auf Mixcloud auf unserem mephisto97.6-Kanal."

- „Und falls Sie vorher schon neugierig auf diesen Film geworden sind, durch das Interview gerade, dann hätte ich auch noch 'nen Tipp für Sie: Schauen Sie einmal bei uns im Internet vorbei unter mephisto976.de. Da gibt es 'ne ausführliche Rezi [Rezension] und auch noch einmal das Gespräch in voller Länge."

- Und am Ende des Programms heißt es im Impressum von *mephisto 97.6* stets: „Mehr von uns gibt es auf mephisto976.de und auf unseren Social Media-Kanälen."

3.3.8 Lokalbezug der Berichterstattung

Die regionale Orientierung spielte wie bereits erwähnt bei der Frage des Themas eine große Rolle (vgl. Kapitel 3.3.4). Im Folgenden soll das Thema Lokal- und Regionalbezug etwas weiter gefasst werden als zuvor. Für jeden Wortbeitrag wurde ermittelt, ob ein lokaler bzw. ein regionaler Bezug vorlag und zwar nicht beschränkt auf das Thema, sondern in einem umfassenderen Sinn: So kann es vorkommen, dass ein an sich bundesweites Thema in dieser Kategorie als lokal klassifiziert wurde, weil sich ein sächsischer Politiker dazu geäußert hat. Die nachfolgende Betrachtung stellt daher eine Erweiterung des bisherigen Ansatzes dar und rückt die verschiedenen Formen des Lokalbezugs in den Mittelpunkt.

Um einen Lokalbezug handelte es sich, wenn sich Ereignisse auf einzelne sächsische Orte bezogen, oder Akteure oder Gesprächspartner aus diesen Orten kamen. Bezogen sich die Ereignisse, Akteure oder Gesprächspartner nicht nur auf einzelne sächsische Orte, sondern Sachsen insgesamt, handelte es sich um einen regionalen Bezug. Bei der Codierung wurde zwischen regionalem und lokalem Bezug unterschieden. Da diese Unterscheidung im konkreten Fall jedoch keinen großen Erkenntnisgewinn brachte, wird in der nachfolgenden Darstellung beides im Zusammenhang betrachtet und als ‚Lokalbezug' bezeichnet.

Der Lokalbezug wurde darüber hinaus nur für Wortbeiträge (also ohne Musik, Werbung und Senderjingles) erfasst. Dazu gehören beispielsweise sämtliche Nachrichten, Berichte, Veranstaltungshinweise, Moderationen sowie lokale/regionale Verkehrsmeldungen, Wettervorhersagen und Blitzermeldungen.

Von den 43.351 Wortbeiträgen wiesen 18.901 Beiträge einen Lokalbezug auf. Das entspricht einem Anteil von insgesamt 43,6%, wobei er bei den kommerziellen Sendern mit 44% aller Wortbeiträge etwas höher als bei den nichtkommerziellen Sendern und Hochschulradios lag (38,6%). Der Lokalbezug wurde meist dadurch hergestellt, dass über ein Ereignis aus der Umgebung berichtet wurde (Ereignisort). Lokale Akteure kamen in etwa jedem zehnten Beitrag vor. Lokale Gesprächspartner waren eher selten; spielten aber bei den nichtkommerziellen Sendern und Hochschulradios eine deutlich größere Rolle als bei den kommerziellen Veranstaltern (vgl. Abbildung 17).

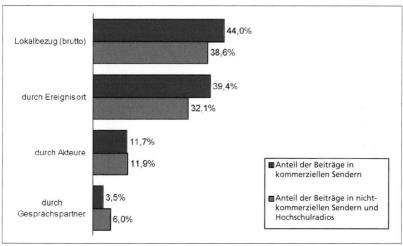

Abbildung 17: Lokalbezug durch Ereignisort, Akteure und Gesprächspartner (Beiträge)

Bezogen auf den zeitlichen Umfang der Wortbeiträge umfasste der Lokalanteil bei den kommerziellen Sendern 48,1 %, bei den nicht-kommerziellen Sendern und Hochschulradios waren es 38,9 %. Bei Letzteren wird ein Lokalbezug verstärkt dadurch hergestellt, dass lokale Gesprächspartner zu Wort kommen und über lokale Akteure berichtet wird (18,7 % bzw. 13,7 %), siehe dazu Abbildung 18.

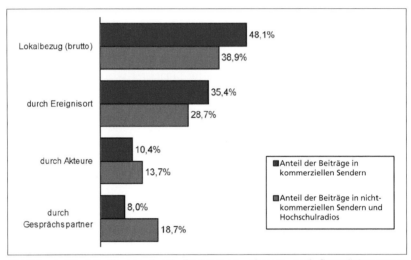

Abbildung 18: Lokalbezug durch Ereignisort, Akteure und Gesprächspartner (Sendeumfang)

Zwei Sender hatten einen deutlich größeren Lokalanteil in ihrer Wortberichterstattung: *Vogtlandradio* (68,0 %) und *Radio Lausitzwelle* (57,6 %). *apollo radio)))* hingegen wies mit 20,6 % einen deutlich geringeren Lokalbezug auf (vgl. Abbildung 19).

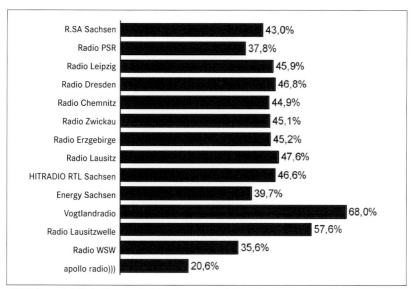

Abbildung 19: Lokalbezug bei den kommerziellen Sendern (Anteil der Beiträge)

Berechnet man den Lokalbezug nicht als Anteil an allen Wortbeiträgen, sondern als Anteil des Sendeumfangs, so fallen die Anteile fast durchweg höher aus. Gemessen am Sendeumfang der Wortbeiträge lässt sich der Lokalanteil bei den kommerziellen Sendern mit 48,1 % beziffern; bei den nichtkommerziellen Sendern und den beiden Hochschulradios betrug der Lokalanteil 38,9 %.

Den größten Lokalbezug wies auch hier *Vogtlandradio* auf. Hier bezogen sich zwei Drittel des Sendeumfangs an Wortbeiträgen auf Inhalte aus der Region und einzelnen Orten des näheren Umfelds (72,0 %). Dies ist das Ergebnis eines strikt regional ausgerichteten Programms, auf das schon mehrfach hingewiesen wurde (vgl. Abbildung 20).

Warum der Lokalbezug bei *apollo radio)))* sehr gering ist, erklärt ein Blick auf die verschiedenen Wortbeiträge in diesem Sender. Dabei zeigt sich, dass die Nachrichten von *apollo radio)))* nicht regional ausgerichtet sind, sondern Bundespolitik und internationales Geschehen in den Vordergrund rücken, wie das Beispiel vom

05.12.2019 zeigt.[5] Aufgelistet sind die Meldungen der Nachrichten von 00:00 Uhr, 06:00 Uhr, 12:00 Uhr und 18:00 Uhr. In keiner Nachrichtensendung gab es eine Meldung mit Regionalbezug zu Sachsen.

00:00 Uhr	• Auftragsmord an einem Georgier in Berlin • NATO-Gipfel in London • Klimarisiko-Index von German Watch, Klimakonferenz in Madrid • Studie des Kinderhilfswerks zu Kinderrechten • Immobilienpreise in Deutschland gestiegen
06:00 Uhr	• Innenminister von Bund und Ländern wollen enger zusammenarbeiten • Abschneiden der deutschen Schüler bei PISA, KMK-Konferenz • Vorbereitungen für den SPD-Parteitag in Berlin • Generalstreik in Frankreich • Alternative Nobelpreise in Stockholm verliehen
12:00 Uhr	• Malu Dreyer mahnt zur Geschlossenheit vor dem SPD-Parteitag • Innenministerkonferenz in Lübeck • Generalstreik in Frankreich • Abschneiden der deutschen Schüler bei PISA, KMK-Konferenz • EuGH zu ausländischen Bußgeldbescheiden
18:00 Uhr	• SPD-Vorstand will nicht über GroKo abstimmen lassen • Abschiebestopp für Syrer soll gelockert werden • Amtsenthebungsverfahren gegen Trump rückt näher • Generalstreik in Frankreich • Fehltage durch psychische Erkrankungen

Dokumentation 3: Nachrichtenmeldungen vom 05.12.2019 auf *apollo radio)))*

Ganz anders sah es mit den Veranstaltungshinweisen bei *apollo radio)))* aus, die meist aus Tipps zu Veranstaltungen in den drei großen sächsischen Städten Dresden, Leipzig und Chemnitz bestanden. Am 05.12.2019 wurden unter dem Label „Kulturimpulse" folgende Veranstaltungen angekündigt:

- Dresden: Blasmusik-Pop mit der Band „Oans noa" im „Ostpol"

- Chemnitz: Jazz-Konzert mit Reinhold Schmölzer im „Weltecho"

- Leipzig: Italienischer Film „Nome di donna" in Originalfassung in der „Spinnerei"

---

5 Hier noch einmal der Hinweis, dass bei *apollo radio)))* auf Ersatztage ausgewichen werden musste.

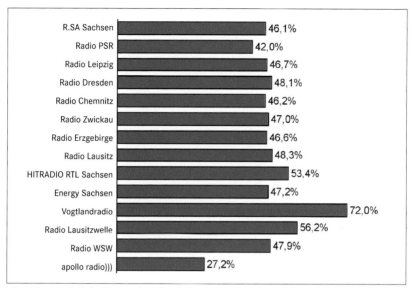

Abbildung 20: Lokalbezug bei den kommerziellen Sendern (Anteil am Sendeumfang)

Bei den nichtkommerziellen Sendern lag der Anteil lokaler und regionaler Wortbeiträge deutlich niedriger. Das ist erklärlich, denn in diesen Sendern wurden wie bereits erwähnt zahlreiche Beiträge von anderen Sendern aus anderen Bundesländern oder dem Ausland übernommen, die keinen örtlichen Bezug zu Sachsen aufwiesen.

Unterschiede zeigten sich auch bei den beiden Hochschulradios (vgl. Abbildung 21). Bei *mephisto 97.6* lag der Lokalanteil hoch: 53 % aller Wortbeiträge waren lokal oder regional, dies entspricht 66,1 % des Sendeumfangs aller Wortbeiträge. Grund hierfür ist die strikt lokale Ausrichtung von Nachrichten, Reportagen und Veranstaltungshinweisen. Am Beispiel der Nachrichten vom 29.10.2019, die als typisch gelten können, wird das deutlich: Die Meldungen weisen in drei Fällen einen lokalen Bezug zu Leipzig auf und beziehen sich in einem Fall auf Sachsen bzw. Dresden, hatten also einen regionalen Bezug.

1. Meldung	„Der Freistaat Sachsen erhielt den Negativpreis ‚Schleudersachse' für Geldverschwendung. Grund ist der Kauf eines leerstehenden Containerdorfs in Dresden. Dieses sollte als Erstaufnahmestelle dienen, seit 2016 stehen die fünfhundert Container aber leer. Die Kosten belaufen sich auf 7,8 Millionen Euro. Der Negativpreis wird vom Bund der Steuerzahler verliehen."
2. Meldung	„Das Leipziger Stadtarchiv ist umgezogen. Heute ist die Eröffnung im ehemaligen sowjetischen Pavillon auf dem Gelände der Alten Messe. Der Pavillon wurde für 17 Mio. Euro umgebaut. Der Umzug dauerte sieben Monate. Das Leipziger Stadtarchiv ist jetzt eines der modernsten kommunalen Archive Deutschlands."
3. Meldung	„Heute startet in Leipzig das Ostdeutsche Energieforum. Dort soll über eine nachhaltige Transformation des deutschen Energiesystems diskutiert werden. Für zwei Tage kommen Vertreter aus Politik, Wirtschaft und Wissenschaft zusammen, um über die Umsetzung der Energiewende zu diskutieren."
4. Meldung	„Heute Abend könnte es in der Innenstadt (Leipzig) zu Behinderungen kommen. Grund: eine Raddemo für mehr Radverkehr. Start ist um 16:00 Uhr, die Demo geht bis 18 Uhr. Betroffen sind die Jahnallee, der Randstädter Steinweg und der Innenstadtring."

Dokumentation 6: Themen der 10:00 Uhr-Nachrichten auf *mephisto 97.6*

Hinzu kommen zahlreiche Veranstaltungshinweise auf *mephisto 97,6* die ausnahmslos lokal sind und sich aufgrund ihrer Länge von drei bis fünf Minuten pro Hinweisblock in der Analyse niederschlagen. Anders als bei anderen Sendern wird ein produzierter Veranstaltungsblock nicht bloß mehrfach wiederholt; bei *mephisto 97.6* finden sich in den verschiedenen Sendungen ein und desselben Tages unterschiedliche Veranstaltungstipps. Am 14.11.2019 wurde beispielsweise in der Sendung „Faustschlag" auf folgende Veranstaltungen hingewiesen:

- Leipzig, Kupfersaal, 20:00 Uhr: Vortrag eines Tatortreinigers,
- Leipzig, Felsenkeller, 20:00 Uhr: Konzert der Band „Eight Kids" und
- Leipzig, UT-Connewitz, 20:00 Uhr: Film „Die Linie".

Am gleichen Tag gab es in der Sendung „Direkt" folgende Veranstaltungshinweise:

- Leipzig, Schauburg, 20:30 Uhr: Film „Smuggling Hendrix",

- Leipzig, Elsterartig, 20:30 Uhr: Konzert von Straßenmusikern und

- Leipzig, [Ort war nicht bekannt], 20:00 Uhr: Performance von Lara Scherpinski.

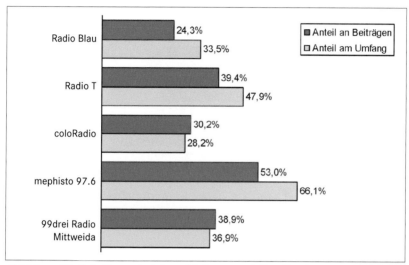

Abbildung 21: Lokalbezug bei den nichtkommerziellen Sendern und Hochschulradios

3.3.8.1 Lokale Ereignisse

In den untersuchten Beiträgen wurde insgesamt 16.822-mal über lokale und regionale Themen berichtet. Dies entspricht einem Anteil von 38,8 %. Da der Lokalbezug in der Berichterstattung meist dadurch hergestellt wird, dass über ein lokales oder regionales Ereignis berichtet wird, ist es nicht erstaunlich, dass die Analyse der lokalen Orte Ergebnisse zeigt, die bereits in der Gesamtschau deutlich wurden. So berichtete *Vogtlandradio* in zwei Dritteln seiner Wortbeiträge über das Geschehen vor Ort (66,3 %). Auch bei *Radio Lausitzwelle* spielte das lokale Geschehen eine deutlich größere Rolle als bei den anderen Sendern (56,7 %).

Anders bei *apollo radio)))*: hier wurde nur in 18,9 % der Beiträge über ein lokales Ereignis berichtet. Bei den übrigen Sendern kamen

lokale und regionale Ereignisse in gut einem Drittel aller Wortbeiträge vor (vgl. Abbildung 22).

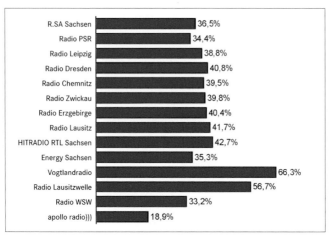

Abbildung 22: Lokale Ereignisse – Anteil der Wortbeiträge der kommerziellen
Sender

Zieht man für die Berechnung des Lokalanteils auch hier den Sendeumfang und nicht die reine Anzahl an Beiträgen heran, so ändert
sich an dem dargestellten Bild nur wenig (vgl. Abbildung 23).

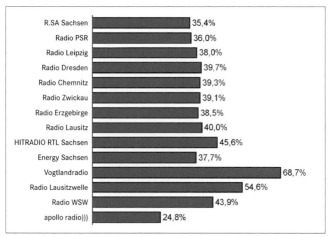

Abbildung 23: Lokale Ereignisse – Anteil am Sendeumfang der kommerziellen
Sender

Bei den nichtkommerziellen Sendern spielten Ereignisse aus der Region bei *Radio T* eine größere Rolle und umfassten etwa ein Drittel des Sendeumfangs der Wortbeiträge. Bei *Radio Blau* und *coloRadio* spielten Ereignisse aus der Umgebung dagegen eine deutlich geringere Rolle (vgl. Abbildung 24).

Bei den Hochschulradios hatten Ereignisse aus der Region einen größeren Stellenwert. Bei *mephisto 97.6* hatten 41,0 % aller Wortbeiträge einen Bezug zu einem regionalen Ereignis. Bezogen auf den Sendeumfang entspricht dies einem Anteil von 43,8 %. Ereignisse aus Mittweida und der näheren Umgebung spielten aber auch bei *99drei Radio Mittweida* eine große Rolle und kamen in gut einem Drittel aller Wortbeiträge vor (36,4 %).

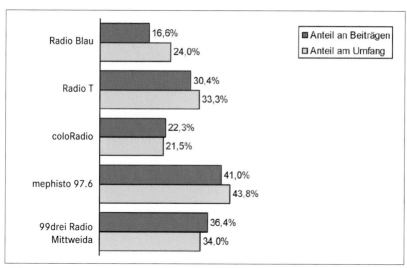

Abbildung 24: Lokale Ereignisse in nichtkommerziellen Sendern und Hochschulradios

3.3.8.2 Lokale Akteure

In den untersuchten Beiträgen wurde insgesamt 5.064-mal über lokale Akteure berichtet. Über alle Sender hinweg entspricht dies einem Anteil von 11,7 %. Dies war auch der Anteil bei den kommerziellen Sendern. Bei den nichtkommerziellen Sendern und den Hochschulradios lag der Anteil bei 11,8 %. Mit Blick auf die Sendedauer der Wortbeiträge machten die Beiträge mit lokalen Akteuren bei den kommerziellen Sendern 14,2 % und bei den nichtkommerziellen Sendern und Hochschulradios 13,7 % aus. Lokale Akteure wurden damit deutlich seltener in der Wortberichterstattung thematisiert als lokale Ereignisse und nahmen auch deutlich weniger Sendezeit ein.

Bei den kommerziellen Sendern ragten erneut *Vogtlandradio* und *Radio Lausitzwelle* mit deutlich häufigerem Lokalbezug heraus. Hier wurde deutlich häufiger über lokale Akteure berichtet als in den anderen Sendern, wobei auf den Umfang der Berichte bezogen auch *Radio WSW* häufig über lokale Akteure berichtete. Den geringsten Anteil (gemessen an der Zahl der Wortbeiträge und dem zeitlichen Umfang) hatten lokale Akteure bei *apollo radio)))* (vgl. Abbildungen 25 und 26).

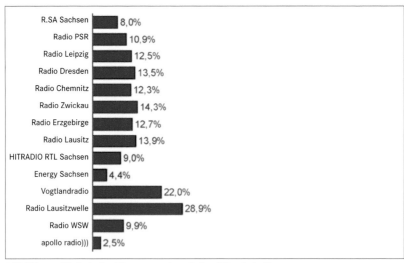

Abbildung 25: Lokale Akteure – Anteil der Wortbeiträge

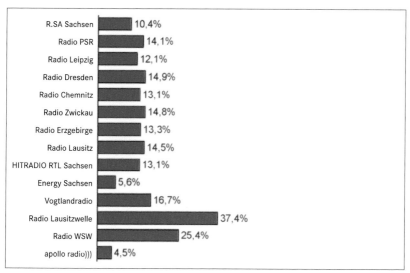

Abbildung 26: Lokale Akteure – Anteil am Sendeumfang

Wer waren diese lokalen Akteure, über die in den kommerziellen Sendern berichtet wurde? Nimmt man alle Sender zusammen, so kamen Sportler unter den Akteuren am häufigsten vor (18,3 %). Danach kamen drei gesellschaftliche Gruppen, die annähernd gleich häufig Gegenstand der lokalen Berichterstattung wurden: die Bevölkerung (11,1 %), Verwaltung (10.8 %) und Politiker (10,7 %). Alle übrigen Akteursgruppen kamen seltener vor.

Bei den nichtkommerziellen Sendern waren die Unterschiede zwischen den verschiedenen Sendern nicht sehr groß. Gemessen am zeitlichen Umfang der entsprechenden Wortbeiträge hatten lokale Akteure bei *Radio Blau* den größten Stellenwert (18,6 % des Umfangs an Wortbeiträgen). Unter den Hochschulradios waren lokale Akteure bei *mephisto 97.6* relativ häufiger zu finden als bei *99drei Radio Mittweida* und zwar sowohl im Hinblick auf den Anteil an Wortbeiträgen als auch mit Blick auf den zeitlichen Umfang (vgl. Abbildung 27).

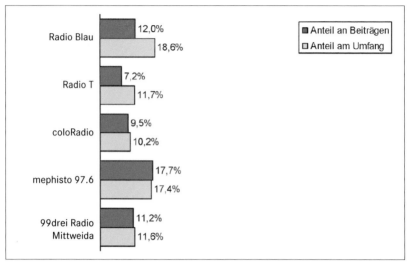

Abbildung 27: Lokale Akteure in nichtkommerziellen Sendern und Hochschulradios

In diesen Sendern spielten Künstler mit einem Anteil von 17,2 % eine deutlich größere Rolle in der Lokalberichterstattung. Dabei zeigte sich erneut, dass die Struktur bei *99drei Radio Mittweida* wieder sehr der eines kommerziellen Senders ähnelt. Lässt man den Sender aus der Betrachtung heraus, fällt der Anteil lokaler Künstler in der Berichterstattung deutlich höher aus. Bei *Radio Blau* sind Künstler mit einem Anteil von 40 % an den lokalen Akteuren die bei weitem größte Gruppe, auch bei *coloRadio* ist der Künstleranteil groß (34,1 %), ebenso bei *Radio T* (21,4 %).

3.3.8.3 Lokale Gesprächspartner

Unter den untersuchten Beiträgen gab es insgesamt 1.585 Beiträge, in denen lokale Gesprächspartner zu Wort kamen. Dies entspricht einem Anteil von 3,7 %. Bei den kommerziellen Sendern kamen lokale Gesprächspartner in 3,5 % aller Wortbeiträge vor. Bei den nichtkommerziellen Sendern und Hochschulradios war der Stellenwert lokaler Gesprächspartner größer; hier lag der Anteil bei 6,5 % der Wortbeiträge. Da Gesprächsformate vergleichsweise lang sind, ist der Anteil solcher Sendungen an der Sendedauer aller Wortbeiträge recht groß: Nimmt man die Dauer aller Wortbeiträge zusammen, so kamen lokale Gesprächspartner in den kommerziellen Sendern in 8,0 % der Sendezeit zu Wort. Bei den nichtkommerziellen Sendern und Hochschulradios war der Stellenwert noch deutlich größer: In 18,2 % des Sendeumfangs aller Wortbeiträge wurden Gespräche mit lokalen Partnern geführt.

Wie schon bei den lokalen Ereignissen und den lokalen Akteuren ragt *Vogtlandradio* auch im Hinblick auf die Gesprächspartner heraus und brachte deutlich mehr lokale Gesprächspartner ins Programm als die anderen Sender. Mit Blick auf den Sendeumfang wurden 15 % der Wortbeiträge bei *Vogtlandradio* mit lokalen Gesprächspartnern bestritten (vgl. Abbildungen 28 und 29). Um einen Eindruck zu geben, um wen es sich da handelt, hier eine kleine Auswahl aus der Berichterstattung von *Vogtlandradio*:

- Der Reitclub Auerbach-Hinterhain hat beim Gewinnspiel gewonnen. Es folgt ein längeres Gespräch mit Herrn Spierch, der den Verein für das Gewinnspiel angemeldet hat. Teile des Gesprächs werden in verschiedenen Sendungen aufgegriffen (21.10.2019).

- Gespräch mit der Bürgermeisterin Kerstin Schöniger aus Rodewisch zu den Koalitionsverhandlungen in Dresden (21.10.2019).

- Gespräch mit dem Geschäftsführer der Firma M+S-Umweltprojekte aus Plauen zum Thema Flüssigboden und die Vorhersagemöglichkeiten bei Dammbrüchen. Teile des Gesprächs wurden auch in den Nachrichten aufgegriffen (21.10.2019).

- Der Vogtlandkreis ist mit dem nicht nutzbaren Elsterradweg zwischen Adorf und Bad Elster im Schwarzbuch der größten Steuersünder gelandet. Thomas Meier vom Steuerzahlerbund Sachsen äußert sich zur Verschwendung von Steuergeldern im Freistaat (29.10.2019).

- In Reichenbach wird der neue Kloßvogt gekürt. Dirk Heinze vom Tourismus-Verband Vogtland äußert sich zur Auswahl und Prämierung der Gastronomen (29.10.2019).

- Die Vogtlandbahn plant einen Flottenwechsel bei den Fahrzeugen. Jörg Puchmüller von der Vogtland-Bahn erläutert die Hintergründe (06.11.2019).

3 Untersuchungsergebnisse

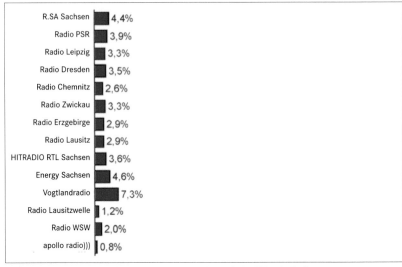

Abbildung 28: Lokale Gesprächspartner-Anteil der Wortbeiträge

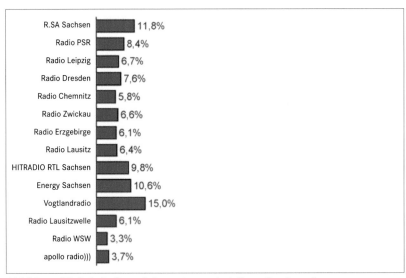

Abbildung 29: Lokale Gesprächspartner – Anteil am Sendeumfang

Ebenso breit gestreut wie die lokalen Akteure waren auch die lokalen Gesprächspartner in den kommerziellen Sendern. Über alle Sender hinweg spielte die Bevölkerung die größte Rolle. Jeder Vierte, der in den kommerziellen Sendern zu Wort kam, war ein Bürger oder eine Bürgerin ohne Amt und Funktion (26,0 %). Zweitgrößte Gruppe bei den Gesprächspartnern waren Angehörige der Verwaltung (15,4 %). Danach kamen Sportler (12,6 %), die ebenfalls häufig als Interviewpartner dienten. Politiker standen erst auf Platz vier der Liste von Gesprächspartnern und wurden nur in jedem zehnten Fall befragt (10,7 %). Alle anderen Gruppen (z. B. Künstler, Verbandsvertreter, Vereinsvertreter, Personen aus der Wirtschaft) kamen seltener zu Wort.

Bei den nichtkommerziellen Sendern kamen lokale Gesprächspartner in etwa jedem zehnten Wortbeitrag vor. Bezogen auf die Sendedauer der Wortbeiträge war ihr Stellenwert aber viel größer. Bei *Radio T* wurde gut ein Viertel des Wortumfangs mit lokalen Gesprächspartnern bestritten (27,4 %), bei *Radio Blau* waren es 17,7 % und bei *coloRadio* immerhin 15,7 % (vgl. Abbildung 30).

Von den beiden untersuchten Hochschulradios trifft dies auch auf *mephisto 97.6* zu. Hier kam in etwa jedem zehnten Wortbeitrag ein lokaler Gesprächspartner vor. Bezogen auf den Sendeumfang wurde etwa ein Drittel des Wortanteils mit lokalen Gesprächspartnern ausgefüllt. Hintergrund ist, dass Gesprächsformate in all den genannten Sendern meist sehr umfangreich sind und so einen erheblichen Teil des Gesamtprogramms ausmachen.

Und wer wird da befragt? Die Antwort ist einfach: Sehr häufig Künstler. Etwa die Hälfte aller lokalen Gesprächspartner ist künstlerisch tätig und äußert sich zu entsprechenden Themen. Um einen Eindruck davon zu geben, welche Gesprächspartner in diesen Programmen zu Wort kommen, sind nachfolgend einige Beispiele aus den Programmen von *mephisto 97.6* und *Radio T* aufgeführt:

- *Radio T*: Gespräch mit Miriam Spranger, Sängerin aus Chemnitz (29.10.2019),
- *Radio T*: Gespräch mit dem Sänger Jan Kummer und dem Künstler Christian Habsdorf aus der Galerie Borssenanger zur Ausstellung „Erfordernis und Hingabe" (30.11.2019),

- *mephisto 97.6*: Gespräch mit dem Geschäftsführer des Deutschen Literaturinstituts Leipzig, Jörn Dege, und dem Autor Claudius Nießen zum Festival „Literarischer Herbst" in Leipzig (29.10.2019) und

- *mephisto 97.6*: Interview mit der in Leipzig wohnhaften Schauspielerin Mai Duong Kieu in der Sendung „M19 – das lange Interview" (06.11.2019).

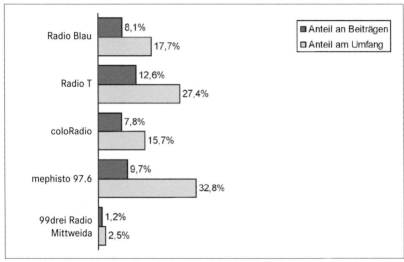

Abbildung 30: Lokale Gesprächspartner in nichtkommerziellen Sendern und Hochschulradios

3.3.8.4 Fazit

Die Sender weisen fast durchweg einen großen Lokalanteil auf, sowohl mit Blick auf den Prozentanteil an Wortbeiträgen als auch mit Blick auf den zeitlichen Sendeumfang. Besonders groß ist der Lokalbezug in den Wortbeiträgen bei *Vogtlandradio* und *Radio Lausitzwelle*. Eine Ausnahme stellt *apollo radio)))* dar, wo der Stellenwert lokaler Informationen eher gering ist. Meist wird in der Berichterstattung der Lokalbezug dadurch hergestellt, dass über lokale Ereignisse und damit über den Ort des Geschehens berichtet wird. Lokale Akteure sind demgegenüber nicht ganz so häufig. Lokale Gesprächspartner sind über alle Sender hinweg insgesamt eher selten, spielen aber bei den nichtkommerziellen Sendern und dem Hochschulradio *mephisto 97.6* eine sehr große Rolle.

3.3.9 Berichterstattungsgebiete

Die Programme der sächsischen Hörfunksender informieren die Hörer offensichtlich in unterschiedlich starkem Maße über das Geschehen im näheren und weiteren Umfeld.

Bei der lokalen Codierung wurde ein Ort dann erfasst, wenn ein berichtetes Ereignis dort stattgefunden hat oder wenn ein Akteur oder Urheber aus diesem Ort kam. Nicht berücksichtigt wurden dabei Verkehrs-, Wetter- und Blitzermeldungen. Hier wird zwar auch eine Vielzahl an Orten genannt, der Informationswert ist aber ein anderer als bei einer Nachrichtenmeldung oder einem Bericht über das Geschehen in einem Ort. Konkret: Wenn über einen Stau auf der A14 zwischen Meerane und Glauchau-West berichtet wird, erfahren die Hörerinnen und Hörer nichts über Meerane und auch nichts über Glauchau. Eine solche Verkehrsmeldung kann deshalb z.B. nicht mit Nachrichten über eine Entscheidung des Stadtrats in Glauchau oder einen Wohnhausbrand in Meerane gleichgesetzt werden, würde diese aber aufgrund der schieren Zahl an Verkehrsmeldungen an diesem Autobahnabschnitt zahlenmäßig überlagern.

In den Informationsbeiträgen der neunzehn untersuchten Sender wurden insgesamt 10.192 Ortsnennungen registriert. Bei den kommerziellen Vollprogrammen waren es 9.221 und damit durchschnittlich 659 Orte pro Sender. Im Schnitt enthielten die Programme 49 verschiedene Orte, wobei die Unterschiede zwischen den Sendern groß waren. Bei den nichtkommerziellen Sendern und Hochschulradios gab es 971 Ortsnennungen. Hier stach *99drei Radio Mittweida* heraus, das in diesem Punkt eher einem Vollprogramm ähnelt und sich von den nichtkommerziellen Sendern und *mephisto 97.6* deutlich unterschied. Die anderen vier Sender wiesen nämlich eine deutlich geringere Zahl an Ortsnennungen auf und konzentrierten sich zudem auf einige wenige Städte (vgl. Tabellen 9 und 10).

Im Folgenden wird für die einzelnen Sender dargestellt, wie viele Ortsnennungen die Informationsberichterstattung enthielt und wie viele verschiedene Orte in der Berichterstattung vorkamen. Danach werden die häufigsten Orte genannt und auf einer Karte dargestellt.[6]

Kommerzielle Vollprogramme	Ortsnennungen	Anzahl verschiedener Orte
	Durchschnitt: 659	Durchschnitt: 49
R.SA Sachsen	224	48
Radio PSR	378	43
Radio Leipzig	872	33
Radio Dresden	904	50
Radio Chemnitz	770	42
Radio Zwickau	838	45
Radio Erzgebirge	886	78
Radio Lausitz	958	81
HITRADIO RTL Sachsen	683	40
Energy Sachsen	360	26
Vogtlandradio	1.275	126
Radio Lausitzwelle	472	36
Radio WSW	420	36
apollo radio)))	181	5

Tabelle 9: Anzahl der Ortsnennungen und Anzahl verschiedener Orte in den kommerziellen Sendern

---

6 Quelle: Von Ulamm 15:57, 16 February 2008 (UTC) – http://www.maps-for-free. com, CC BY-SA 3.0, https://commons.wikimedia.org/w/index.php?curid= 3565580

Nichtkommerzielle und Hochschulradios	Ortsnennungen	Anzahl verschiedener Orte
	Durchschnitt: 194	**Durchschnitt: 15**
Radio Blau	57	3
Radio T	124	8
coloRadio	97	9
mephisto 97.6	238	9
99drei Radio Mittweida	455	44

Tabelle 10: Anzahl der Ortsnennungen und Anzahl verschiedener Orte in den nichtkommerziellen Sendern und Hochschulradios.

3.3.9.1 Lokale Schwerpunkte bei *R.SA Sachsen*

In der Berichterstattung der Untersuchungswoche wurden Städte und Orte aus Sachsen 224-mal genannt. Im Vergleich mit den anderen kommerziellen Sendern ist das wenig (Durchschnitt: 659). Insgesamt wurden 49 verschiedene Orte genannt; dieses Maß für regionale Vielfalt entspricht dem Durchschnitt der kommerziellen Sender. Gut die Hälfte aller Ortsnennungen entfiel auf drei Städte: 58 auf Dresden, 34 auf Leipzig und 27 auf Chemnitz. Folgende Städte wurden mehr als 5-mal genannt (in Klammern die Zahl der Nennungen): Zwickau (9), Schwarzenberg (8), Torgau (7), Bautzen (6), Plauen (5), Riesa (5). Hinzu kommt eine Vielzahl von Städten und Orten, die seltener genannt wurden, z.B. Pirna (4), Meißen (4), Freiberg (4), Rodewisch (3), Rötha (3) sowie zahlreiche Einzelnennungen.

Abbildung 31: Ortsnennungen im Sendegebiet – *R.SA Sachsen*

3.3.9.2 Lokale Schwerpunkte bei *Radio PSR*

Im Informationsprogramm von *Radio PSR* wurden sächsische Städte und Gemeinden insgesamt 378-mal genannt, insgesamt wurden 43 verschiedene Orte genannt. Die Zahl der Ortsnennungen liegt damit im Vergleich mit den anderen kommerziellen Sendern leicht unter dem Durchschnitt. Die Anzahl verschiedener Städte ist ebenfalls leicht unterdurchschnittlich. Ebenso wie bei *R.SA Sachsen* konzentrierte sich die Berichterstattung bei *Radio PSR* sehr stark auf die drei Zentren Dresden (125 Nennungen), Leipzig (101 Nennungen) und Chemnitz (38 Nennungen). Damit entfielen mehr als zwei Drittel der Ortsnennungen im Informationsprogramm auf diese drei Städte (70 %). Sieben weitere Städte wurden häufiger als 5-mal genannt: Zwickau (17), Plauen (12), Bautzen (7), Torgau (6), Görlitz (6), Meißen (5), Rochlitz (5). Alle übrigen Städte und Gemeinden kamen in der untersuchten Woche seltener vor.

Abbildung 32: Ortsnennungen im Sendegebiet – *Radio PSR*

3.3.9.3 Lokale Schwerpunkte bei *Radio Leipzig*

Im Programm von *Radio Leipzig* wurden insgesamt 872-mal Städte und Gemeinden aus Sachsen genannt. *Radio Leipzig* liegt damit über dem Durchschnitt der kommerziellen Sender. Insgesamt handelt es sich allerdings nur um 33 verschiedene Orte, was unter dem Senderdurchschnitt liegt. Dem Sendernamen und der regionalen Ausrichtung innerhalb der Sendergruppe entsprechend liegt der Schwerpunkt auf Leipzig, das mit 687 Nennungen 79 % aller Ortsnennungen auf sich vereinigt. Hinzu kommen folgende Gemeinden im Leipziger Umland: Markkleeberg (11), Taucha (10) und Schkeuditz (5). Dresden als Landeshauptstadt wurde 60-mal genannt. Mindestens 5-mal wurden folgende Orte genannt: Grimma (16), Chemnitz (11), Wurzen (10), Aue (7), Zwickau (5), Arnsdorf (5) und Plauen (5).

Abbildung 33: Ortsnennungen im Sendegebiet – *Radio Leipzig*

3.3.9.4 Lokale Schwerpunkte bei *Radio Dresden*

Im Programm von *Radio Dresden* gab es 904 Ortsnennungen, womit der Sender damit deutlich über dem Durchschnitt der kommerziellen Programme liegt. Insgesamt wurden 50 verschiedene Orte genannt, dies entspricht dem Senderdurchschnitt. Allerdings entfielen allein 598 Nennungen auf die Landeshauptstadt (66%). Mit deutlichem Abstand wurde Leipzig (91) genannt. Aus dem Dresdner Umland spielten Meißen (25), Pillnitz (16), Cossebaude (13), Klotzsche (10), Freital (9), Friedewald (9) und Großenhain (5) eine größere Rolle. Daneben wurde eine große Zahl an anderen Orten genannt, die aber weniger als 5-mal vorkamen.

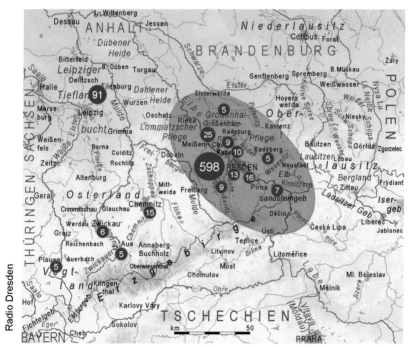

Abbildung 34: Ortsnennungen im Sendegebiet – *Radio Dresden*

3.3.9.5 Lokale Schwerpunkte bei *Radio Chemnitz*

Im Programm von *Radio Chemnitz* fanden sich insgesamt 770 Ortsnennungen, was über dem Senderdurchschnitt liegt. Dabei wurden
42 verschiedene Orte genannt, eine leicht unterdurchschnittliche
Anzahl. Ähnlich wie bei *Radio Leipzig* und *Radio Dresden* entfiel
auch hier der Großteil auf das regionale Zentrum und die namensge-
bende Stadt: Mit 412 Erwähnungen entfiel mehr als die Hälfte aller
Ortsnennungen auf Chemnitz (54 %). Eine große Zahl an Nennungen gab es auch zu Leipzig (116), Dresden (46) und Zwickau (30).
Nennenswert häufig waren daneben folgende Orte: Bernsdorf (16),
Hartmannsdorf (15), Stollberg (11), Limbach-Oberfrohna (9), Oelsnitz (8), Rochlitz (8) und Penig (6). Eine Vielzahl weiterer Orte wurde seltener genannt.

Abbildung 35: Ortsnennungen im Sendegebiet – *Radio Chemnitz*

3.3.9.6 Lokale Schwerpunkte bei *Radio Zwickau*

Im Programm von *Radio Zwickau* fanden sich insgesamt 838 lokale Ortsnennungen, deutlich über dem Senderdurchschnitt. Insgesamt wurden 45 verschiedene Orte genannt, ein leicht unterdurchschnittlicher Wert. Zwickau spielte in der Berichterstattung eine große Rolle, war mit einem Anteil von 44 % aber weniger dominierend wie z. B. Leipzig oder Dresden in den Programmen von *Radio Leipzig* und *Radio Dresden*.

Eine große Zahl an Nennungen gab es auch zu Leipzig (103) und Dresden (91). Nennenswert häufig waren daneben folgende Orte: Plauen (30), Rodewisch (21), Marienthal (25), Chemnitz (21), Crimmitschau (20), Pölbitz (17), Glauchau (16), Limbach (14), Meerane (12), Kirchberg (10), Auerbach (10). Eine Vielzahl weiterer Orte wurde seltener genannt.

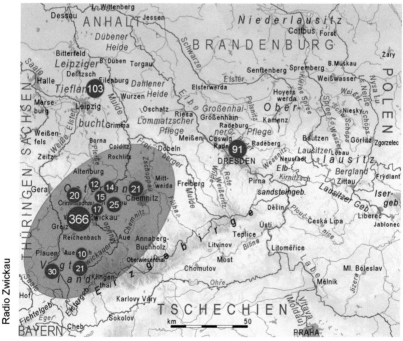

Abbildung 36: Ortsnennungen im Sendegebiet - *Radio Zwickau*

3.3.9.7 Lokale Schwerpunkte bei *Radio Erzgebirge*

Im Programm von *Radio Erzgebirge* fanden sich insgesamt 886 lokale Ortsnennungen, wie bei den anderen Sendern des Sachsen-Funkpakets liegt dieser Wert deutlich über dem Senderschnitt. Überdurchschnittlich ist auch die Zahl an verschiedenen Orten, über die *Radio Erzgebirge* berichtet (78). Als Sender für die Region Erzgebirge konzentriert sich die Berichterstattung nicht auf wenige zentrale Orte, sondern umfasst eine Vielzahl von Städten und Gemeinden. So steht hier erstmals keine Stadt aus der Region im Mittelpunkt, sondern wird über Leipzig (107) sogar häufiger berichtet als über Aue (101) und über Dresden (75) häufiger als über Annaberg-Buchholz (59). Hinzu kommen: Schneeberg (32), Marienberg (25), Zwickau (25), Chemnitz (23), Oelsnitz (23), Rittergrün (19), Plauen (18), Olbernhau (18), Zwönitz (17) und Geyer (16) sowie Schlettau, Freiberg und Wildenfels mit jeweils 15.

Abbildung 37: Ortsnennungen im Sendegebiet – *Radio Erzgebirge*

3.3.9.8 Lokale Schwerpunkte bei *Radio Lausitz*

Das Programm von *Radio Lausitz* enthielt an den untersuchten Tagen 958 Ortsnennungen, auch dieser Wert liegt über dem Senderschnitt. Insgesamt wurden 81 verschiedene Orte genannt, ein Wert, der ebenfalls über dem Durchschnitt liegt. Am häufigsten wurde über Görlitz berichtet (150), auch Weißwasser (98) und Bautzen (84) waren häufig Gegenstand der regionalen Berichterstattung. Zu den Städten, die häufiger genannt wurden gehören daneben: Cottbus (50), Zittau (31), Kamenz (25), Löbau (21), Niesky (21), Hoyerswerda (20), Ostritz (19), Bischofswerda (18), Senftenberg (14), Steinbach (13) und Bloaschütz (11). Das polnische Zgorzelec wurde in der Untersuchungswoche 10-mal genannt. Hinzu kommen Leipzig (91), Dresden (59) und Chemnitz (13).

Abbildung 38: Ortsnennungen im Sendegebiet – *Radio Lausitz*

93

3.3.9.9 Lokale Schwerpunkte bei *HITRADIO RTL Sachsen*

Im Programm von *HITRADIO RTL Sachsen* wurden 683-mal sächsische Städte und Gemeinden, darunter insgesamt 40 verschiedene Orte genannt, was leicht unter dem Durchschnitt liegt. Als landesweiter Sender hat *HITRADIO RTL Sachsen* keinen ausgeprägten regionalen Schwerpunkt in seiner Berichterstattung. Bei den sächsischen Zentren hat Dresden (213) die Nase vorn, danach Leipzig (140), zuletzt Chemnitz (73). Darüber hinaus gibt es einige weitere Städte, die in der Berichterstattung genannt werden: Görlitz (30), Aue (25), Zwickau (23), Crimmitschau (20), Weißwasser (20), Plauen (15), Kamenz (15) und Meißen (13).

Abbildung 39: Ortsnennungen im Sendegebiet – HITRADIO RTL Sachsen

3.3.9.10 Lokale Schwerpunkte bei *Energy Sachsen*

Im Programm von *Energy Sachsen* kamen in der Untersuchungswoche 360 Ortsnennungen vor, deutlich unter dem Durchschnitt. Insgesamt wurden 26 verschiedene Orte genannt, ebenfalls unter dem Durchschnitt. Klarer Schwerpunkt der Berichterstattung über Sachsen war Leipzig (213 Nennungen); das entspricht einem Anteil von 59 % an der landesweiten Berichterstattung. Daneben wurde auch Dresden (48) häufiger genannt. Alle anderen Städte und Gemeinden kamen deutlich seltener in der Berichterstattung vor: Zwickau (12), Rodewisch (9), Bautzen (9), Chemnitz (8), Schkeuditz (7), Markkleeberg (7), Rötha (6) und Aue (5).

Abbildung 40: Ortsnennungen im Sendegebiet – *Energy Sachsen*

3.3.9.11 Lokale Schwerpunkte bei *Vogtlandradio*

In der Regionalberichterstattung von *Vogtlandradio* wurden insgesamt 1.275 Ortsnennungen registriert. Das ist weit mehr als in allen anderen untersuchten Sendern. Insgesamt wurden 126 verschiedene Orte genannt; auch das ist deutlich mehr als in den anderen Sendern und zeigt, wie regional kleinräumig die Berichterstattung von *Vogtlandradio* ist. Mit Plauen (206 Nennungen) und Gera (127) gibt es zwar zwei Städte, die etwas herausragen, die Berichterstattung ist aber sehr breit gestreut: Auerbach (73), Greiz (54), Reichenbach (41), Rodewisch (40), Zwickau (39), Altenburg (32), Klingenthal (31), Schöneck (30), Chemnitz (26), Adorf (21), Treuen (18), Bad Elster (18), Crimmitschau (17), Jena (16), Aue (14), Schönheide (13), Lengenfeld (13), Markneukirchen (12), Netzschkau (11), Triptis (11), Limbach (11), Pöhl (11).

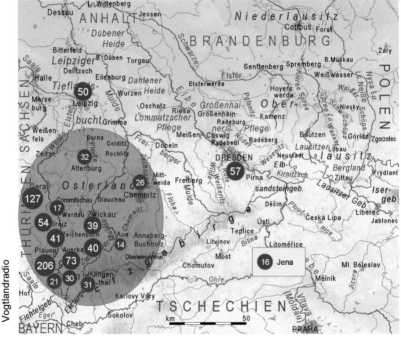

Abbildung 41: Ortsnennungen im Sendegebiet – *Vogtlandradio*

3.3.9.12 Lokale Schwerpunkte bei *Radio Lausitzwelle*

Bei *Radio Lausitzwelle* gab es in der sachsenweiten Berichterstattung insgesamt 472 Ortsnennungen zu 36 verschiedenen Städten und Gemeinden. Beide Werte liegen unter dem Senderdurchschnitt. Rund ein Drittel aller Ortsnennungen entfiel auf Hoyerswerda (164), 61 Nennungen entfielen auf Senftenberg. Daneben gab es vier weitere Städte, die häufiger in der Berichterstattung genannt wurden: Kamenz (36), Bautzen (33), Spremberg (31) und Dresden (17). Die übrigen Gemeinden wurden seltener genannt und machen in der Summe lediglich 25 % der Nennungen aus.

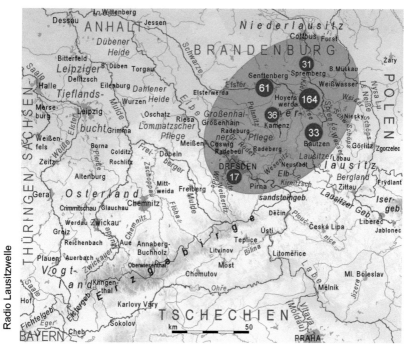

Abbildung 42: Ortsnennungen im Sendegebiet – *Radio Lausitzwelle*

3.3.9.13 Lokale Schwerpunkte bei *Radio WSW*

Radio WSW wies in seiner Lokal- und Regionalberichterstattung insgesamt 420 Ortsnennungen auf; dieser Wert liegt unter dem Durchschnitt. Insgesamt wurden 36 verschiedene Städte und Gemeinden genannt, ebenfalls etwas unter dem Durchschnitt. Weißwasser stand mit 107 Nennungen im Mittelpunkt; dies entspricht einem Anteil von 26 %. Einen größeren Stellenwert hatten regional auch Bautzen (58), Schleife (19), Cottbus (16), Görlitz (15), Bad Muskau (11), Niesky (11), Rietschen (11) und Zittau (10). Darüber hinaus gab es auch Berichte aus Leipzig (48) und Dresden (16).

Abbildung 43: Ortsnennungen im Sendegebiet – *Radio WSW*

3.3.9.14 Lokale Schwerpunkte bei apollo radio)))

In den Sendungen von *apollo radio)))* wurden sächsische Städte nur vergleichsweise selten genannt. Die insgesamt 181 Ortsnennungen liegen deutlich unter dem Durchschnitt und betrafen lediglich fünf Städte: Leipzig (67), Dresden (59), Chemnitz (51), sowie jeweils zwei Nennungen für Freital und Eilenburg. Aufgrund der geringen Zahl an Nennungen wird auf eine kartografische Darstellung verzichtet.

3.3.9.15 Lokale Schwerpunkte bei *Radio Blau*

Wie auch bei den anderen nichtkommerziellen Radios gab es auch bei *Radio Blau* nur relativ wenige Ortsnennungen in der Berichterstattung: Insgesamt nur 57 Ortsnennungen, weniger als in allen anderen untersuchten Sendern. Diese Nennungen bezogen sich fast ausschließlich auf Leipzig (53), Einzelnennungen gab es noch zu Chemnitz und Pirna. Auch hier wird auf eine kartografische Darstellung verzichtet.

3.3.9.16 Lokale Schwerpunkte bei *Radio T*

Radio T nannte 124-mal Orte aus Sachsen, weniger als der Durchschnitt. Chemnitz dominierte hier mit 93 Nennungen, was einem Anteil von 74 % entspricht. Hinzu kommen 16 Nennungen von Leipzig, 7 von Dresden und 4 von Riesa. Einzelnennungen betrafen: Annaberg, Adorf, Reichenbach und Limbach-Oberfrohna. Auch hier wird auf eine kartografische Darstellung verzichtet.

3.3.9.17 Lokale Schwerpunkte bei *coloRadio*

coloRadio nannte 97-mal Orte aus Sachsen, davon 63-mal Dresden, dies entspricht einen Anteil von 64 %. Hinzu kommen 11 Nennungen der Stadt Leipzig und 10 von Hellerau. Die übrigen Städte wurden nur selten genannt oder kamen lediglich als Einzelnennungen vor. Auch hier erfolgt keine kartografische Darstellung.

3.3.9.18 Lokale Schwerpunkte bei *mephisto 97.6*

In der Berichterstattung von *mephisto 97.6* werden Städte aus Sachsen 238-mal genannt, wobei es sich in 222 Fällen um Leipzig handelte (93 %). Alle anderen Städte (z. B. Dresden, Meißen, Wurzen oder Plauen) kamen deutlich seltener vor. Auch hier wird auf eine kartografische Darstellung verzichtet.

3.3.9.19 Lokale Schwerpunkte bei *99drei Radio Mittweida*

Bei *99drei Radio Mittweida* gab es insgesamt 455 Ortsnennungen, die sich auf 44 verschiedene Gemeinden bezogen. Das ist deutlich mehr als bei den nichtkommerziellen Sendern und *mephisto 97.6.* Mittweida lag mit 161 Nennungen deutlich vorn; das entspricht einem Anteil von 35%. Leipzig (46), Dresden (36) und Chemnitz (27) spielten ebenso eine nennenswerte Rolle in der Berichterstattung. Hinzu kamen einige weitere Städte: Frankenberg (15), Freiberg (14), Zwickau (13), Hainichen (12), Erlau (12) und Rochlitz (11).

Abbildung 44: Ortsnennungen im Sendegebiet – *99drei Radio Mittweida*

3.3.9.20 Fazit

Die Analyse der Ortsnennungen zeigt, dass es im Hinblick auf die regionale Ausrichtung unter den kommerziellen sächsischen Hörfunksendern drei Strategien gibt:

1) „Landeswelle": Kennzeichen ist eine landesweite Berichterstattung mit Schwerpunkt auf dem jeweiligen Zentrum. Über kleinere Orte im Bundesland wird ereignisbezogen berichtet. Diese Ausrichtung ist charakteristisch für *R.SA Sachsen, Radio PSR, HITRADIO RTL Sachsen* und *Energy Sachsen*. Hierzu gehört auch *apollo radio)))*, das sich weitgehend auf die Städte Dresden, Leipzig und Chemnitz beschränkt.

2) „Stadtradio": Kennzeichen ist eine starke Konzentration auf ein Zentrum mit eng umgrenzter Peripherie; hinzukommen Berichte aus der Landeshauptstadt Dresden. Diese Ausrichtung ist charakteristisch für *Radio Leipzig, Radio Dresden, Radio Chemnitz, Radio Zwickau*.

3) „Regionalsender": Kennzeichen ist eine Berichterstattung über eine größere Region mit einem regionalen Zentrum, das in der Berichterstattung aber weniger dominierend ist. Die Berichterstattung ist kleinräumig. Diese Ausrichtung ist charakteristisch für *Radio Erzgebirge, Radio Lausitz, Vogtlandradio, Radio Lausitzwelle* und *Radio WSW*. Von den Hochschulradios gehört hierzu auch *99drei Radio Mittweida*.

Die nichtkommerziellen Sender beschränken sich meist auf ihren jeweiligen Standort: *Radio Blau* auf Leipzig, *Radio T* auf Chemnitz und *coloRadio* auf Dresden. Gleiches gilt für *mephisto 97.6* mit einem dominierenden Bezug auf Leipzig.

3.3.10 Hörerbezug

Erfasst wurde, ob Sendungen bzw. Wortbeiträge einen Hörerbezug aufwiesen. Hierbei wurde unterschieden zwischen

- Hörerinteraktionen, wie Musikwünschen oder Hörerreaktionen bei Call-ins und

- Aufrufen zur Hörerinteraktion, wie die Aufforderung, Musikwünsche zu äußern, im Studio anzurufen, Mails zu schicken, oder Staus und Blitzer zu melden.

Als Sonderfälle von Hörer-Interaktionen wurden das Feedback der Hörer und Hörer-Inhalte getrennt erfasst, da sie über den bloßen Kontakt hinausgehen:

- Hörer-Feedback: Hier wurde festgehalten, wenn Hörer Feedback zum Sender gaben, Lob oder Kritik übten, Aussagen zur Nutzungssituation oder -häufigkeit machten.

- Hörer-Inhalte: Damit wurde erfasst, wenn Hörer einen inhaltlichen Beitrag zum Programm beisteuerten, der über das bloße Gespräch hinausging. Dies war zum Beispiel der Fall, wenn Hörer zugeschaltet wurden, um selbst aktuelle Veranstaltungshinweise zu geben.

3.3.10.1 Hörerinteraktionen

In den untersuchten Programmen gab es insgesamt 802 Interaktionen mit Hörern (vgl. Abbildung 32). Bei folgenden fünf Sendern war die Zahl am höchsten:

- *Energy Sachsen* (290 Hörerinteraktionen),
- *Vogtlandradio* (144 Hörerinteraktionen),
- *Radio PSR* (100 Hörerinteraktionen),
- Radio R.SA (80 Hörerinteraktionen) und
- *HITRADIO RTL Sachsen* (63 Hörerinteraktionen).

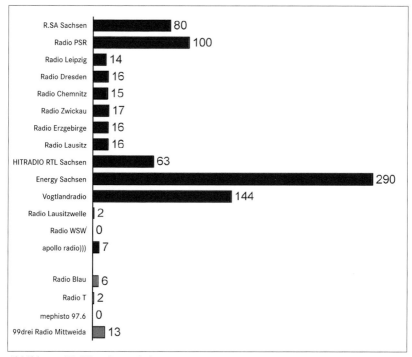

Abbildung 45: Hörerinteraktionen

Hörerinteraktionen finden hauptsächlich über das Telefon oder eine Sprachnachricht per WhatsApp oder anderen Messenger-Diensten statt. Hier einige Beispiele, wie das bei verschiedenen Sendern konkret aussieht:

- *Energy Sachsen*: Anlass für die Interaktion mit Hörern bot das Gewinnspiel „Welcome to Miami", bei dem täglich viele Hörer am Telefon die glückliche Nachricht eines Gewinns erhielten. Hinzu kamen zahlreiche Sprachnachrichten von Hörern, die Verkehrsbehinderungen und Blitzer per Telefon oder WhatsApp meldeten.

- *Vogtlandradio*: Hier wurden Verkehrshinweise der Hörer eingebunden. Ob es sich um tatsächliche Hinweise von Hörerinnen und Hörern handelt oder ob lediglich der Eindruck erweckt wurde, ließ sich von außen nicht prüfen. Da die Hörer in den Meldungen aber den Eindruck gewinnen konnten, die Hinweise gingen auf die Hörer zurück, wurde dies entsprechend hier eingeordnet.

- *Radio PSR*: Auch hier wurden vor allem Hörerhinweise in die Verkehrsmeldungen eingebunden: „Ich sehe gerade, ich habe 'ne Nachricht bekommen, direkt von der A4, von Max. Max, was haste denn für uns hier bei *Radio PSR*?" [Max:] „Hallo, liebes Radio-PSR-Team, es sieht so aus, als wäre die A4 in Richtung Dresden wieder auf. Der Verkehr rollt wieder. Das war's schon."

- Die „Mehr-PSR-App" dient aber auch in anderem Zusammenhang dazu, Hörer ins Programm einzubinden: „Es kommen ganz viele Nachrichten, gerne auch weiter schicken über die ‚Mehr-PSR-App', wie Ihr Adventskalender aussieht oder was Sie sich vielleicht für einen wünschen. Und es hat sich jemand bei mir gemeldet. [...] Ein Tipp für alle Chefs." [Hörerin:] „Zum Thema Adventskalender: Ich finde es ja immer gut, es gibt ja Adventskalender mit jedem erdenklichen Thema, da finde ich es immer gut, das personalisiert zu handeln. Zum Beispiel habe ich von meinem lieben Chef keinen Schokoladenadventskalender bekommen, sondern [...] einen Beauty-Adventskalender, wo Lippenstifte und Lidschatten und so was drin ist."

- *R.SA Sachsen*: Auch hier melden Hörer per Sprachnachricht Verkehrsbehinderungen. „Und hier ist der Winfried, hallo Poschi. Den Stau zwischen Chemnitz und Stollberg könnt Ihr rausnehmen. Da bin ich grad lang gefahren, der hat sich aufgelöst."

- Die Messenger-Funktion in der App wird auch von Hörern genutzt, um sich beim Sender zu melden: „Guten Tag, hier ist die Peggy aus Chemnitz, ich wollte gern bei Euch mal ein bisschen mitspielen. Ich höre mir das jetzt schon den ganzen Tag an, und dachte, jetzt probiere ich es auch mal." Oder: „Guten Morgen, Ihr zwei, hier ist der Gerd aus Dresden. Hier Katja, ich weiß ja nicht, was Du für Kinder hast, [...] denk mal dran zurück, als die das erste Auto gekriegt haben. Was haben die gemacht: Brmmmm brmmmm ... Deshalb wird bei Dir die Scheibe so vollgesabbert sein."

3.3.10.2 Aufrufe zur Hörerinteraktion

Während es direkte Hörerbeteiligung bei zahlreichen Sendern nur in sehr begrenztem Maße gab, waren die Aufforderungen, mit dem Sender in Kontakt zu treten, sehr zahlreich. Insgesamt gab es 3.784 entsprechende Appelle – knapp fünfmal so viele wie tatsächliche Interaktionen. Besonders häufig waren solche Aufrufe bei folgenden Sendern zu finden:

* *Energy Sachsen* (455 Hörer-Aufrufe),
* *R.SA Sachsen* (403 Hörer-Aufrufe) und
* *Radio PSR* (401 Hörer-Aufrufe).

Aber auch fast alle übrigen Sender richteten sich an ihre Hörerinnen und Hörer mit der Aufforderung, beim Sender anzurufen, eine Mail zu schreiben oder sich per WhatsApp zu melden. Nur drei Sender verzichteten fast gänzlich auf solche Appelle, und zwar *apollo radio)))*, *mephisto 97.6* und *coloRadio*. Abbildung 46 zeigt die Zahl der Hörerappelle im Überblick.

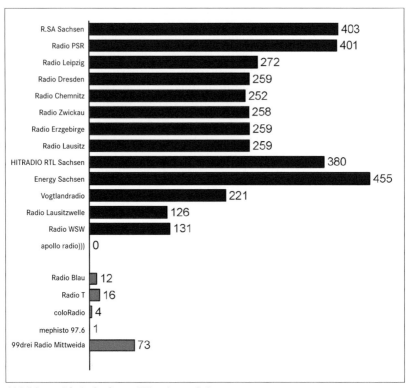

Abbildung 46: Aufrufe zur Hörerinteraktion.

Hier einige Beispiele aus den drei Sendern mit der größten Zahl an Interaktionsappellen: Bei *Energy Sachsen* spielten die zahlreichen Aufforderungen, Blitzer und Staus zu melden, die größte Rolle: „Wenn Du noch was gesehen hast, 'nen weiteren Blitzer oder Stau, meldest Du Dich am besten unter 0800 50 fünfmal die 9 oder schreibst mir ganz schnell eine WhatsApp. Nummer findest Du auf energy.de/sachsen." Auch in den Moderationen wurde häufig dazu aufgefordert, eine WhatsApp ins Studio zu schicken:

- „Renn' am besten auch noch mal schnell zur Apotheke, wenn's Dir so geht wie Max und Du die Männergrippe hast. Damit Du heute den Tag auf Arbeit auch ordentlich durchstehen kannst. Das sind Nahtoderlebnisse. Hashtag #dramaqueen. [...] Ich habe mir noch mal sagen lassen von den Kollegen, man soll Zwiebelsaft mit Zucker nehmen. Oder mit Honig kannst' es auch machen. [...] Hilft das wirklich? [...] WhatsApp mal rumschicken. 0152 321 achtzigtausend."

- „Wenn Du auch ohne Peilung unterwegs bist, schick mir doch mal Deine Story, unter 0152 321 achtzigtausend."

- Hörerapelle gab es auch in verschiedenen Programmtrailern: „Anna und Max Music am Morgen. Knallwach mit *Energy Sachsen*. [...] Die neueste Rubrik: Das *Energy Sachsen* Hit-Battle. Anna und ich, wir stellen beide 'nen Song vor und Du entscheidest dann über Instagram, welchen Song wir spielen sollen. [...] Also schalt' unbedingt ein."

Auch bei *R.SA Sachsen* wurden Hörer regelmäßig dazu aufgefordert, Blitzer und Staus zu melden:

- „Verkehrslage ist auch entspannt, wir haben nicht mal 'nen Blitzer. Wenn es irgendwo dann losgeht mit dem Berufsverkehr, bitte gebt uns Bescheid. Kostenfrei Anrufen 0800 0815200 oder Ihr probiert den Messenger auf der Radio-App, das ist neu, das fetzt." Damit die Hörer den Messenger nicht im fahrenden Auto ausprobieren, kam gleich darauf der Hinweis: „Liebe Autofahrer, Hände weg vom Handy, wegen Ablenkung durch Telefonieren oder Tippen beim Fahren verunglücken mehr Menschen als durch Alkohol am Steuer. *R.SA* sagt Danke für umsichtiges Fahren auf unseren Straßen."

- Außerdem gab es häufig Aufforderungen zur Teilnahme an Gewinnspielen: „Sie sind mit von der Partie. Mit Peter Maffay auf Sendung gehen und Gitarrenheld werden. Wenn Sie auf der Klampfe auch mal gerne im privaten Kreis ein bisschen zupfen und das richtig gut können, dann sind Sie unser Mann. Bewerbt Euch als Gitarrenheld bei Peter Maffay auf rsasachsen.de oder auf der Radio-App."

- „... für alle, die schon Monate darauf warten, dass auch mal ihr Name im Radio kommt, damit sie auch mal genannt werden: Musste nur 'ne Email schreiben, dann flupps passiert's." Danach 100 Euro für eine Hörerin. „Sie wollen das auch? Dann jetzt reinhacken. Auf unserer RSA-App kannste Dich anmelden oder auf rsasachsen.de im Netz."

- Oder es gibt Aufforderungen, sich zu Themen zu äußern, über die gerade gesprochen wurde: „Da können Sie uns mal ne Sprachnachricht schicken, in welcher Zeit Ihr gerne leben würdet. 0152 55 71 71 71." Oder: „Schickt uns mal 'ne Whats-App-Sprachnachricht mit Scheiben-Kratz-Ton."

Auch bei *Radio PSR* handelte es sich meist um Aufforderungen, Verkehrsbehinderungen zu melden:

- „Staus und Blitzer melden Sie mir kostenlos unter der 0800 023 viermal die 4."

3.3.10.3 Hörer-Feedback

Nur in 11 Fällen äußerten sich Hörer lobend oder kritisch zum Programm. Sechs dieser Äußerungen kamen im Programm von *Energy Sachsen* vor. Um welche Art Äußerungen es sich dabei handelt, zeigen die folgenden Beispiele:

- Bei *Energy Sachsen* äußerten sich Hörer, die im Rahmen der werblichen McCafe-Tour einen Kaffee bekommen haben: „Hey, liebes Energy-Team, wir sind hier grad an der Uni Leipzig vor dem Audimax und wollen uns jetzt für den leckeren Kaffee bedanken. Liebe Grüße von der Helena, der Johanna, dem [unverständlich] und dem Micha."

- Bei *Energy Sachsen* gibt es Spots, in denen sich Hörer über sich, ihre Stadt und *Energy Sachsen* äußern. Hier ein Beispiel: „Immer mehr hören Energy. Und wer bist Du?" [Antwort:] „Yvonne aus Döbeln." [Frage:] „Was ist das Beste in Deiner Stadt?" [Antwort:] „Die Stadt an sich, die Menschen, einfach alles." [Frage:] „Warum?" [Antwort:] „Naja, die Leute sind freundlich, die Stadt sieht nicht schlecht aus, gerade das Rathaus." [Frage:] „Was ist dein Hobby?" [Antwort:] „Schwimmen, Tennis, Lesen, sowas, Musikhören." [Frage:] „Warum hörst Du Energy?" [Antwort:] „Es wird mehr Musik gespielt als bei anderen Radiosendern. Zweitens mal die Moderatoren. Es ist halt sehr locker, sehr spaßig, man hört halt gerne zu."

3.3.10.4 Hörerinhalte

Es kam nur vergleichsweise selten vor, dass Hörer eigene Inhalte zum Programm beisteuerten, insgesamt 144-mal. In nennenswerter Zahl kamen solche Beiträge nur bei *R.SA Sachsen* (50 Fälle) vor. Meist handelte es sich um Sprachnachrichten, in denen Hörer Blitzer meldeten, beispielsweise am 21.10.2019 gegen 06:08 Uhr: „Guten Morgen, Ihr zwei. Pünktlich zum Beginn der neuen Woche hab' ich 'n Blitzer für euch und zwar auf der B2 zwischen Bad Düben und Leipzig wird gerade auf der Muldenbrücke, also in Bad Düben aufgebaut. 'Ne schöne Woche wünsche ich Euch."

Bei *HITRADIO RTL Sachsen* steuerten in 29 Fällen Hörer einen inhaltlichen Beitrag zum Programm bei. Auch hier handelte es sich um Verkehrsmeldungen, die von Hörern per Sprachnachricht oder Telefon durchgegeben und in der Sendung „Die Frühaufsteher" ausgestrahlt wurden. Das hört sich beispielsweise so an:

- [Moderator]: „Jörg hat da was Wichtiges für uns." [Jörg:] „Auf der B169 Gröditz Richtung Riesa: Wildunfall, Polizei ist grad vor Ort."

In allen anderen Sendern war diese Form der Hörerinteraktion seltener und beschränkte sich auf wenige Fälle. Bei *Energy Sachsen* gab es das Berufequiz „Was bin ich". Das Moderationsteam Anna und Max versuchte dabei, den Beruf einer Hörerin oder eines Hörers zu erraten. Die Hörer beantworteten die Rateversuche mit „nein" oder „ja" und gaben dem Moderationsteam damit Hinweise zum gesuchten Beruf. Ebenfalls bei *Energy Sachsen* äußerten sich Hörer zu verschiedenen Themen mit einem Wortbeitrag, zum Beispiel zum Thema „4-Tage-Woche": „Also eine 4-Tage-Woche finde ich gar nicht so schlecht. Da ja die meisten montags mit schlechter Laune zur Arbeit gehen, ..."

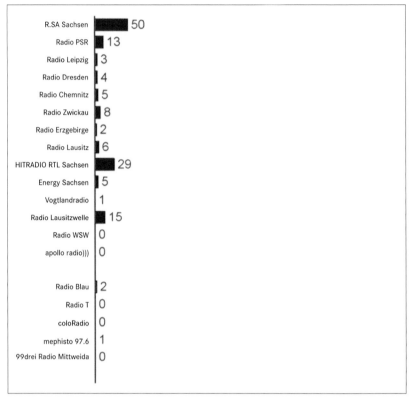

Abbildung 47: Hörer-Inhalte

3.3.10.5 Fazit

Die Einbindung von Hörern in das Programm ist ein Kennzeichen der kommerziellen Sender, bei den nichtkommerziellen Programmen gibt es dies kaum. Interaktionen mit den Hörern gibt es vor allem bei Verkehrsmeldungen oder Gewinnspielen. Deutlich größer als die Zahl der tatsächlichen Hörerinteraktionen ist die Zahl der Aufrufe dazu. Bei den Hochschulradios zeigte sich einmal mehr die unterschiedliche Ausrichtung von *99drei Radio Mittweida* und *mephisto 97.6*. Während es bei *mephisto 97.6* praktisch keine Hörerinteraktionen gibt, ähnelt *99drei Radio Mittweida* den kommerziellen Sendern und rief die Hörer zur Interaktion auf oder beteiligte Hörer am laufenden Programm.

4 Bemerkenswerte Sendungen

Abschließend sollen drei Sendungen vorgestellt werden, die bei der Codierung des umfangreichen Materials aufgefallen sind, weil sie völlig anders waren als das, was in den Radioprogrammen sonst geboten wurde und sie daher in unterschiedlicher Hinsicht bemerkenswert erschienen.

4.1 „Frühstücksradio mit Spaß" bei *coloRadio*

Bei *coloRadio* gibt es eine Sonntagmorgen-Sendung mit dem Titel „Frühstücksradio mit Spaß". In die Stichprobe ging die Folge von Sonntag, dem 27.10.2019 ein. Die Sendung begann um 12:00 Uhr und dauerte zwei Stunden. Im Programmplan des Senders, der im Internet veröffentlicht ist, war die Sendung nicht aufgeführt. Soweit die formalen Rahmendaten; interessanter ist der Inhalt dieser in vielerlei Hinsicht außergewöhnlichen Sendung. Die Sendung ist eines der vielen Projekte des Künstlers Thomas Preibisch. Auf seiner Webseite heißt es zu seinem Werdegang:

> „Thomas Preibisch wurde an einem Sonntag im Mai 1974 in Hoyerswerda und genau zur Telelottozeit geboren. Aufgewachsen ist er dann aber in Cottbus, welches er im Jahr 2000 in Richtung Dresden verließ. Der heute stolze Vater zweier Söhne wurde dann an der Kunsthochschule Dresden abgelehnt, sodass er sich selbständig zum Kartoffeldruckkünstler ausbilden musste. Heute ist der ,Preibisch' in sehr verschiedenen Bereichen tätig. Er ist Grafiker, Autor, Liedermacher & Sänger, Radiomoderator, Bühnenkünstler und zählt zu den umtriebigsten Geistern des Künstler- & Szeneviertel Dresdner Neustadt.

> 2009 gründete er das ,*Institut für Gute Laune*', eine Lehr- oder Forschungseinrichtung zur Erwachsenenbildung, in welcher Thomas Preibisch in verschiedenen Workshops & Vorträgen lehrt, aber auch mit zahlreichen Aktionskunstwerken in den öffentlichen Raum wirkt. Die Forschung im ,Institut für Gute Laune' folgt grundlegend der Denkschule der Neuen Sympathischen Moderne, welche man

vielleicht als eine Mischung von Joseph Beuys und J. W. Goethe um-
reißen könnte."[7]

Außergewöhnlich waren die Moderationen und Gespräche von Preibisch und seinem Sidekick Bert. Thomas Preibisch begrüßte die Hörer mit den Worten: „Guten Tach, sehr versehrtes Publikum drau-
ßen an den Hörgeräten. [...] Wir moderieren für den Frieden." Und
Bert ergänzte: „Verehrtes Radiopublikum an den Radiogeräten und
im Internet-Livestrom." Die beiden sprachen im Laufe der Sendung
über verschiedene Themen, dabei gingen sie unter anderem den folgenden Fragen nach:

Was ist nach der Zeitumstellung eigentlich die ‚richtige' Zeit und
welche Konsequenzen hat die Zeitumstellung auf Zeitreisen?

> „Viele von Euch denken vielleicht, es ist um 01:00 Uhr 5, aber es ist
> 12:00 Uhr 5, andere wiederum denken, es ist schon 13:00 Uhr und
> in Australien gibt es den einen oder anderen, der meint, es ist ein
> ganz anderer Tag [...] Und hat denn die Uhrzeit nicht auch ein biss-
> chen was damit zu tun, wie die Erde sich dreht um die Sonne und
> mit dem Mond und Planeten, wie kann man sich das jetzt von uns
> aus, dass die sich anders bewegt? Wie funktioniert das eigentlich,
> mit welchen Raumschiffen?"

> „Viele sind heute aus dem Bett geschnellt, und haben dann während
> des Schnellens gemerkt, dass eigentlich noch ein bisschen mehr
> Zeit ist."

> „Viele wissen gar nicht, warum, wieso, weshalb? Ist das jetzt die
> richtige Zeit oder die falsche Zeit? Oder welche Zeit? Oder hätte 'ne
> halbe Stunde vielleicht nicht auch gereicht?"

> „Was bedeutet das jetzt im Hinblick auf Zeitreisen? Wenn man ins
> Jahr 1980 zurückreisen will, dann muss man gucken, ob man im
> Sommer oder im Winter hinwill. Zeitreisen ist ja auch so schon total
> kompliziert und jetzt mit der Zeitumstellung noch dazu, das muss
> man alles mit reinrechnen."

Scientology, in der Rubrik „Einfache Dinge – kompliziert erklärt":

> „Unsere Redaktion hat uns das einfach hier auf den Zettel geschrie-
> ben und wir wollen heute in der Rubrik ‚Einfache Dinge – kompli-

---

7 http://www.fischbild.de/der-kuenstler-thomas-preibisch/

ziert erklärt', wollen wir heute mal Scientology erklären, Bert, vielleicht ist das was für dich."

Märcheninterpretationen auf Youtube und vom Preibisch:

„Die Frau Holle, die hat ja Pechmarie und Goldmarie. Die kommen ja zu ihr, kommen in die andere Welt. Im Prinzip eigentlich sterben die. Die Goldmarie stirbt und weil die aber so ein nettes, liebes Kind war, bekommt die 'ne goldene Spindel. Und auf der Spindel ist das Leben gesponnen. [...] Und die Pechmarie, die war immer so'n Arsch, die wird dann in ein Leben geboren, wo die sehr viel leiden muss."

Dresden-Marathon: „Mehr als die alten Griechen":

„Marathon, Sie kennen die Geschichte. Griechenland. In Griechenland da gab's 'ne Schlägerei, aber die war nicht in Griechenland, sondern in Marathon. Und da ist der eine von der Schlägerei abgehauen und hat berichtet vom Sieg und ist dann tot umgefallen. Er ist sogar zweimal gelaufen. Das erste Mal haben sie ihn gefragt: Wirklich? Dann ist der noch mal umgekehrt. Aber da gehen wir schon zu sehr ins Detail. [...] Marathon in Dresden, die sind natürlich alle dazu aufgerufen, an die Strecke zu gehen und die Leute zu hänseln. Und immer zu rufen, wie lange es noch ist und wie weit es noch ist."

Landtagswahl Thüringen: „Von kleinen Ländern, Politikern mit Aufmerksamkeitsdefizit und Ursachen der häufigen Briefwahl":

„Die große Frage, die sich natürlich alle stellen zur Thüringen-Wahl: Wie kam Thüringen eigentlich zu dem Namen Thüringen?"

„Viele werden sich fragen, das grenzt ja gar nicht ans Meer, wo soll da ein Wal sein? Aber gemeint ist natürlich der Gang zur Urne."

„Wenn man vom Weltall auf die Erde guckt, dann kann man sehen, dass verschiedene Inseln sich aus dem Wasser herausheben und auf diesen Inseln sind in verschiedenen Farben dann die Flecken eingezeichnet. Das kann man jetzt aus dem Weltall nicht sehen, nur, wenn man so eine andere Landkarte hat, dass die verschiedenfarbig sind. [...] In den Ländern gibt es noch kleine Länder. Und in den kleineren Ländern noch kleinere Länder. Bis so ganz kleine lustige Ländchen."

Als außergewöhnlich ist auch die Musikauswahl zu bezeichnen. Um es mit einem O-Ton von Thomas Preibisch zu sagen: „Es sind schöne Lieder dabei, aber auch langweilige Musik und zum Teil auch richtig doofes Zeug." Häufig handelt es sich um Bands, an denen der Moderator und Macher der Sendung Thomas Preibisch mitwirkt. So beginnt die Sendung mit dem Song „Guten Tach, guten Tach" der Band „The Tonhusten". Das Lied ist eine humorvolle Fassung des Beatles-Klassikers „Hello Goodbye":

> „Du sagst ja, ich frag nein,
>
> er sagt Hallo und sie denkt muss das sein?
>
> He-he, oh nein,
>
> Du sagst Auf Wiedersehen und ich sach Guten Tach,
>
> guten Tach, guten Tach,
>
> Ich weiß nicht, warum Du sagst Auf Wiedersehen
>
> Guten Tach ..."

Unter dem Motto: „Ob in der Küche oder auf dem Klo. Sing mit uns, dann wirst du froh." sangen Preibisch und Bert für die Hörer „Das Heidenröslein".

> „Der Text ist von Goethi, wie ich ihn nenne. Die Melodie ist von Mozart."

Die Sendung bescherte dem Zuhörer zwei unterhaltsame Stunden mit lustigen, gespielt naiven, aber oft tiefgründigen Moderationen und einer Musikauswahl, die man bei anderen Sendern so nicht hört.

4.2 „Bully-Zeit" bei *Radio WSW*

Unter dem Titel „Bully-Zeit" stellt *Radio WSW* eine professionell gemachte Live-Übertragung der Partien der Lausitzer Füchse auf die Beine. Im Untersuchungszeitraum wurden zwei Sendungen ausgestrahlt: das Heimspiel am 27.10.2019 gegen die Eispiraten Crimmitschau und das Heimspiel am 22.11.2019 gegen die Ravensburg Towerstars.

Die „Bully-Zeit" ist zweifellos einer der Programmhöhepunkte bei *Radio WSW*. Die Sendungen werden im Verlauf des Tages (und auch davor) umfangreich geteasert: „Bully-Zeit. Live mit *Radio WSW* und den Lausitzer Füchsen. Alle Spiele der Lausitzer Füchse im Radio und auch im Live-Stream."

Die Sendung besteht aus einer ausführlichen Live-Übertragung vom Spiel, unterbrochen von Sponsorenhinweisen, Nachrichten und gelegentlichen Musiktiteln. Die Übertragungen waren abwechslungsreich und spannend moderiert und lieferten ein attraktives Werbeumfeld für Spots und Sponsorenwerbung, das offenbar von der heimischen Wirtschaft gut angenommen wird.

Für einen Sender wie *Radio WSW* ist eine solche Sendung mit Sicherheit ein logistischer und organisatorischer Kraftakt. Dass man für eine wirklich gut gemachte Live-Übertragung kein riesiges Budget braucht, beweist *Radio WSW* mit seiner „Bully-Zeit".

4.3 „Der aphasische Dichter reitet seinen Pegasus" bei *coloRadio*

Neben der oben vorgestellten Sendung „Frühstücksradio mit Spaß" hat *coloRadio* eine weitere Sendung, die als außergewöhnliches Format gelten kann und die darum hier eine besondere Würdigung erfahren soll. Schon der Titel der Sendung signalisiert, dass es sich in vielerlei Hinsicht um eine außergewöhnliche Radiosendung handelt. Für literarisch bewanderte Hörer gibt der Titel schon die wichtigsten Informationen preis: Da gibt es einen aphasischen Dichter, Peter Rother mit Namen, der seinen literarischen Neigungen frönt, oder um es mit anderen Worten zu sagen, der seinen Pegasus reitet.

So wie das „Frühstücksradio mit Spaß" von der Person des Preibisch lebt, so lebt der „Aphasische Dichter" von der Person Peter Rothers. Medienberichten kann man entnehmen, wie wechselvoll das Leben Peter Rother mitgespielt hat: Geboren in Gera, Mechaniker für Elektronische Datenverarbeitung, Studium am Leipziger Literaturinstitut, Mitbegründer des Dresdner Literaturzentrums (1982), seit 1988 freischaffender Autor.

Dann der Schlag: 1990 erleidet Rother eine Gehirnblutung, die sein Sprachzentrum schädigt (Aphasie). Seit vielen Jahren produziert und spricht er eine Literatursendung bei *coloRadio*, in der er als aphasischer Dichter seinem Publikum in einem Medium gegenübertritt, das für einen Menschen mit einer Sprachbehinderung eigentlich denkbar ungeeignet ist. Und in der Tat erfordert es einige Zeit, bis man sich hineingehört hat in die Art, wie Rother seine Texte moderiert oder seine Gedichte vorträgt. Hat man diese Hürde aber erst einmal überwunden, dann offenbart sich dem Hörer eine literarisch anspruchsvolle Sendung und eine ungewöhnlich vielseitige Musikauswahl. Peter Rother lieferte hier eine Sendung ab, die großen Respekt abnötigt. Dass es Sendungen wie den „Aphasischen Dichter" gibt, zeigt eindrucksvoll, warum nichtkommerzielle Sender wichtig sind.

5 Schlussbetrachtung

Der vorliegende Berichtsband dokumentiert die zentralen Ergebnisse einer breit angelegten Programmanalyse der sächsischen Hörfunkveranstalter. Mindestens ebenso wichtig wie die Zahlen der quantitativen Analyse sind die illustrierenden Beispiele, die ein anschauliches Bild davon vermitteln, wie die Programme der untersuchten Sender konkret gestaltet sind.

Die Studie liefert einen Überblick über die Inhalte der Berichterstattung, über regionale Schwerpunkte, die Einbindung der Hörer und vieles mehr. Die formalen und inhaltlichen Merkmale der Sendungen und Beiträge wurden differenziert erfasst. Nicht alle Merkmale werden im Bericht detailliert beschrieben, da die Sachverhalte bereits durch andere Daten der Untersuchung gut erschlossen und belegt sind. Im Interesse einer anschaulichen, verständlichen Darstellung wurden darüber hinaus Merkmalsausprägungen an einigen Stellen zusammengefasst.

Die Untersuchung ist eine Momentaufnahme auf einer soliden Fallzahlbasis und liefert Informationen über den aktuellen Stand der sächsischen Radioprogramme. Um die Entwicklungen in einem dynamischen Markt zu verfolgen, erscheint es sinnvoll, eine solche Untersuchung in regelmäßigen Abständen durchzuführen.

Verzeichnis der Abbildungen

1 Untersuchungsziel und -anlage

1.1 Untersuchungsziele

Der Medienrat der Sächsischen Landesanstalt für privaten Rundfunk und neue Medien (SLM) hat eine Hörfunkanalyse Sachsen beauftragt. Ziel der Studie war es, das Programmangebot kommerzieller UKW-Radioprogramme in Sachsen zu untersuchen und insbesondere das Wortprogramm zu analysieren:

- Untersucht wurden 9 Hörfunkprogramme. Hinzu kommen drei nichtkommerzielle Sender sowie zwei Hochschulradios.

- Es wurden Wort- und Musikanteile erfasst (in Minutenanteilen). Für Wortbeiträge wurden Beitragsformen, Themen, Themenherkunft, Themenorte, Beitragsherkunft, Wiederholungen und crossmediale Verknüpfungen ermittelt.

- Es wurde eine volle Woche untersucht (,künstliche Woche'). Die untersuchten Sendetage sind im Codebuch aufgeführt.

- Als Zusatzmodul 1 wurden die Themen Hörerfeedback, Hörerinteraktionen und Hörerinhalte untersucht.

- Als Zusatzmodul 2 wurde die Lokalkompetenz des Programms bzw. die lokale Berichterstattung untersucht.

1.2 Untersuchungsmethode

Das Programm der sächsischen Hörfunksender wurde mit einer Inhaltsanalyse untersucht, in der sowohl formale quantitative Merkmale (Datum, zeitlicher Umfang etc.), als auch relevante inhaltliche, qualitative Merkmale erfasst wurden. Die Inhaltsanalyse lieferte eine systematische und intersubjektive Klassifikation der relevanten Medieninhalte. Systematisch war die Analyse, insofern die Messung nach einem einheitlichen Regelwerk erfolgte, das in einem Codebuch niedergelegt wurde. Intersubjektiv war die Messung, weil Vorgehen und Erfassungsregeln so transparent dokumentiert wurden, dass ein Außenstehender die Untersuchung im Prinzip replizieren kann. Die Inhaltsanalyse ist aufgrund des standardisierten Vorgehens geeignet, eine große Menge an Medieninhalten zu erfassen. Hierbei hörten sich geschulte Bearbeiter (Codierer) das Material systematisch an und klassifizierten die zuvor festgelegten Inhalte der Berichterstattung in einem formalisierten Verfahren auf Codebögen. Diese Codebögen wurden in einem Datensatz erfasst und mit Hilfe einer Analysesoftware ausgewertet.

1.3 Das Untersuchungsmaterial

Untersucht wurde das Programm der sächsischen Hörfunksender im Verlauf einer künstlichen Woche. Folgende Tage gingen in die Untersuchung ein:

- Montag, 21. Oktober 2019
- Dienstag, 29. Oktober 2019
- Mittwoch, 6. November 2019
- Donnerstag, 14. November 2019
- Freitag, 22. November 2019
- Sonnabend, 30. November 2019
- Sonntag, 27. Oktober 2019

Die Berichterstattung innerhalb der künstlichen Woche wurde im Rahmen einer Vollerhebung untersucht. Hier wurden sämtliche Inhalte (Wortbeiträge, Musik, Werbung bzw. Senderjingles usw.), die der Sender im Untersuchungszeitraum ausgestrahlt hat, analysiert (24 Stunden pro Tag).

1.4 Codierebenen

Die Codierung des Sendematerials erfolgte auf vier Ebenen:

1) auf der Ebene des <u>Senders und der Sendung,</u>

2) auf der Ebene der <u>einzelnen Beiträge und</u>

3) auf der Ebene von <u>Wortbeiträgen.</u>

zu 1.) Die Erfassung erfolgte für 24 Sendestunden pro Tag bzw. für das gesamte an den untersuchten Tagen ausgestrahlte Material.

zu 2.) Innerhalb der Sendung wurden einzelne Beiträge unterschieden und erfasst. Bei solchen Beiträgen kann es sich um Wortbeiträge, Musik, Werbung bzw. Senderjingles u. a. handeln. Für jeden dieser Beiträge wurde eine Codezeile ausgefüllt. Wechselte die Art des Beitrags, so wurde eine neue Codezeile begonnen. Werbeblocks wurden als Einheit erfasst, sofern sie nicht durch andere Beitragsformen unterbrochen wurden (keine differenzierte Erfassung einzelner Werbespots). Für jeden Beitrag wurde zumindest die Dauer ermittelt. Wortbeiträge wurden noch weitergehend klassifiziert (Themen, Herkunft usw. sowie die Zusatzmodule Hörer-Feedback und Lokalkompetenz).

zu 3.) Wortbeiträge wurden ausführlich klassifiziert. Hier wurde insbesondere ermittelt, welchen Regionalbezug und welchen Informationsgehalt die Wortbeiträge aufweisen.

2 Kategorien der Codierung

2.1 Merkmale von Sender und Sendung

Hier wurden mehrere Merkmale auf Ebene des Senders und der Sendung festgehalten.

S1 ID des Codebogens

Alle Codebögen wurden vor der Dateneingabe mit einer eindeutigen Nummer versehen (paginiert). Die Paginierung erfolgte auf vier Stellen.

S2 Codierer

Die einzelnen Sendetage wurden systematisch rotierend auf die beteiligten Codiererinnen und den Codierer verteilt. Wer welchen Sendetag bearbeitet, war im Codierereinsatzplan vorgeben. Hier wurde erfasst, wer das Material erfasst hat.

1 Andreas

2 Luise

3 Elina

4 Jana

5 Julia

S3 Sender

Hier wurde der Sender eingetragen:

01 R.SA Sachsen

02 Radio PSR

03 Radio Leipzig

04 Radio Dresden

05 Radio Chemnitz

06 Radio Zwickau

07 Radio Erzgebirge

08 Radio Lausitz

09 HITRADIO RTL Sachsen

10 Energy Sachsen

11 Vogtlandradio

12 Radio Lausitzwelle

13 Radio WSW

14 apollo radio)))

15 Radio Blau

16 Radio T

17 coloRadio

18 mephisto 97.6

19 99drei Radio Mittweida

S4 Titel der Sendung

Hier wurde der Titel der codierten Sendung festgehalten:

R.SA Sachsen

01 Christoph Schneider bei R.SA (LIVE)

02 Das R.SA-Frühstücksradio – mit Uwe Fischer und Katja Möckel

03 Der Sonntag mit dem Team von R.SA

04 Die Freitags-Partyshow bei R.SA

05 Die Peter Maffay Radio Show

06 Die R.SA Krimizeit

07 Die R.SA-Nachtschicht

08 Die R.SA-Nachtschicht zum Wochenende

09 Lena Mengler & Daniel Neumann bei R.SA

10 Maxis Maximal bei R.SA

11 Mister Music bei R.SA (Lutz Stolberg)

12 Neumis Rockzirkus (Daniel Neumann)

13 R.SA am Abend

14 R.SA am Sonnabend mit Carsten Richter

15 R.SA am Sonnabend mit Theresa Seiter

16 Stolis Oldieclub

17 World Wide Poschi (Marcus Poschlod)

99 anderes, bitte notieren

Radio PSR

01 Die barba radio Show bei RADIO PSR

02 Die Radio PSR Samstagsshow mit Henriette Fee Grützner – Sachsens bester Start ins Wochenende

03 Die Rockenberg-Show

04 Die Steffen Lukas-Show (Steffen Lukas und Claudia Schwitala)

05 Radio PSR mit Peggy (LIVE)

06 Radio PSR- SuperSonntag (Diana Schell)

07 Radio PSR. Der Party-Mix

08 Radio PSR. Der Supermix für Sachsen

09 Radio PSR. SuperSamstag mit Matthias Müller

10 Radio PSR. SuperSonntag (Karolin Ficiolka)

11 Themen, die Sachsen bewegen (Daniel Heinze, Friederike Ursprung)

99 anderes, bitte notieren

Radio Leipzig, Dresden, Chemnitz, Zwickau, Erzgebirge, Lausitz

    01 André und die Morgenmädels

    02 Feel-Good-Weekend

    03 Radio xx bei der Arbeit

    04 Radio xx Charts – die beliebtesten Songs der Woche

    05 Radio xxx Freitag Nacht – das WarmUp zum Start ins Wochenende

    06 Samstag Nacht

    07 xx am Abend

    08 xx am Nachmittag

    99 anderes, bitte notieren

HITRADIO RTL Sachsen

    01 bei der Arbeit

    02 Der Abend

    03 Die 3-bisa-frei-Show

    04 Die Frühaufsteher

    05 Familiensamstag

    06 Familiensonntag

    07 HITRADIO RTL PartyMix

    08 Sachsen-Charts

    09 Sachsens bester MusikMix

    99 anderes, bitte notieren

Energy Sachsen

    01 60 Minuten mit ... Deine Stars im Radio

    02 Dance Charts

    03 Energy Sachsen @ Work mit Jenny

04 Energy Sachsen Brandneu mit Dave

05 Euro Hot 30

06 Hit Music Only!

07 Knallwach mit Energy Sachsen (Anna & Max Music)

08 Nachmittag mit Natali

09 Samstag XXL mit Dave

99 anderes, bitte notieren

Radio WSW

01 Budenzauber

02 Bully-Zeit

03 Reiselust geweckt

99 anderes, bitte notieren

apollo radio)))

01 After Work

02 Auftakt

03 Abwechslungsreich

04 Der andere Nachmittag

05 gen Süden

06 JazzBar

07 Jazzbrunch

08 Jazzcafé

09 Jazz- und Klassikwelten

10 Klassik mal anders

11 Kopfkino

12 Klassik am Mittag

13 Soul nach Tisch

99 anderes, bitte notieren

2 Kategorien der Codierung

Radio Blau (wöchentlicher Programmplan)

01 Aktuell

02 Extrablau

03 Filmriss

04 jung & blau

05 Sunday Groove

99 anderes, bitte notieren

Radio T

01 and now ... Jazz

02 Bombastisches zur Nacht

03 Calle: Das Radio T Kulturprogramm

04 CU Querbeet

05 Detektor

06 Dubwise

07 Easy Listening

08 John Peel

09 Mosh-Club

10 Neu im Radio

11 Panoptikum: Sendungstausch der Freien Radios

12 Radio Spezial: Die Themensendung

13 Segelohr

14 Strasse der Nationen: Musikmix

15 T Historisch – vor 10 Jahren

16 UNiCC on air

17 UNiCC Campus Charts

18 UNiCC CME

19 Uptowns finest Talk

99 anderes, bitte notieren

coloRadio

01 AbendYgazin

02 Montagsmagazin

03 Radio[3] – Perlen der Popkultur

04 Rap'n'Roll

05 schlomo tritt

06 Tante Lola – Dein Radio

99 anderes, bitte notieren

mephisto 97.6

01 Der Tag

02 Direkt

03 Es war nicht alles schlecht

04 Faustschlag

05 Frisch gepresst

06 Gute-Nacht-Geschichten

07 Kultstatus

08 Lauschangriff

09 M19

10 Muckefuck

11 Nachschlag

12 Nachtrauschen

13 Tonleiter

14 Wochenende

99 anderes, bitte notieren

99drei Radio Mittweida

01 Charts

02 Der Feierabend

03 Die 99drei Frühflieger

04 INDIcado

05 Leinwand

06 Mit 99drei durch das Wochenende

07 Mit 99drei durch den Tag

08 Soundcheck

09 Sportplatz

10 Zeitreise

99 anderes, bitte notieren

S5 Genre

Hier wurde das Genre der Sendung eingetragen. Bei Mischformen wurde das dominierende Genre eingetragen. Es wurden folgende Genres unterschieden:

01 Call-In-Sendung

02 Gutenachtgeschichte

03 Hörspiel

04 Informationssendung

05 Magazinsendung

06 Morningshow

07 Musiksendung

08 Quizsendung

09 Radio-Comedy

10 Radio-Essay/Radio-Feature

11 Reportage

12 Spielshow

13 Nachtprogramm/Musik nonstop

99 anderes

S6 Datum der Ausstrahlung

Hier wurde eingetragen, an welchem Tag die Ausstrahlung erfolgte. Das Datum wurde im Format Tag/Tag Monat/Monat erfasst.

S7 Uhrzeit der Ausstrahlung

Hier wurde eingetragen, zu welcher Uhrzeit die Sendestunde begann. Die Uhrzeit wurde in der Form Stunde/Stunde Minute/Minute erfasst.

S8 Wiederholung der Sendung

Hier wurde festgehalten, wenn es sich um die Wiederholung einer bereits zuvor ausgestrahlten Sendung handelte. Für die Einstufung wurde die Anmoderation der Sendung sowie das Sendeschema herangezogen.

0 keine Wiederholung erkennbar

1 erkennbar ein Wiederholungsbeitrag

S9 Herkunft

Hier wurde festgehalten, ob es sich bei der Sendung erkennbar um einen Eigenbeitrag handelte oder um einen Fremdbeitrag. Hierfür waren der Kontext (An-/Anmoderation) bzw. das Programmschema heranzuziehen.

0 Eigenbeiträge

1 Fremdbeiträge

9 nicht entscheidbar, unklar, bitte notieren

2.2 Beitragsbezogene Merkmale

Jede Sendung beinhaltet Beiträge. Hier wurde zwischen Wortbeiträgen, Musik, Werbung unterschieden. Wechselte die Art des Beitrags (Wort, Musik, Werbung), so begann ein neuer Beitrag. Das bedeutet, dass mehrere Musiktitel, die nacheinander ohne Trennung gespielt wurden, wie *ein* Musikbeitrag erfasst wurden. Wurden aber zwei Musiktitel durch eine Moderation unterbrochen, so wurde diese Moderation als Wortbeitrag codiert.

B1 Startzeitpunkt des Beitrags

Hier wurde der Startzeitpunkt des Beitrags festgehalten. Anhand der Startzeit des nachfolgenden Elements (Wortbeitrag, Musik, Werbung etc.) ließ sich später die Dauer des codierten Elements berechnen. Die Erfassung erfolgte nach dem Muster Minute/Minute/Sekunde/Sekunde auf vier Stellen.

B2 Grobklassifikation: Wortbeitrag, Musik, Werbung

Hier wurde festgehalten, ob es sich um einen Wortbeitrag, Musik oder Werbung handelte. Akustische Verpackungen wurden zeitlich dem entsprechenden Beitragselement zugeordnet. Wechselte die Art des Beitrags, wurde eine neue Zeile codiert. Dabei galt:

1 Wortbeitrag – Hier erfolgt eine weitergehende Codierung

2 Musik (keine weitere Codierung)

3 Senderjingles

4 Werbespots (keine weitere Codierung)

5 Sponsoringhinweis (keine weitere Codierung)

6 Dauerwerbesendung (keine weitere Codierung)

7 On-Air-Promotion Eigenprogramm (Bewerbung des eigenen Programms durch Teaser/Trailer)

8 On-Air-Promotion für Dritte (Bewerbung eines Werbepartners im laufenden Programm)

9 anderes

2.3 Klassifizierung der Wortbeiträge

Für sämtliche Wortbeiträge erfolgte eine detaillierte Erfassung. Dabei wurde vor allem der Lokalbezug/Regionalbezug sowie der Informationsgehalt differenziert erfasst.

W1 Genre des Beitrags

Hier wurde für alle <u>Wortbeiträge</u> das Genre des Beitrags eingetragen.

Journalistische Informationsformate

11 Nachricht

12 Bericht, Hintergrundbericht

13 Reportage, Feature

14 Interview, Talk, Gespräch

15 <u>inhaltliche</u> Anmoderation, Abmoderation

16 Veranstaltungshinweise

17 Themenübersicht (z. B am Beginn von Nachrichten. Achtung: Hier erfolgt keine Codierung von Thema und Herkunft

18 sonstige Informationsbeiträge

133

Service

> 20 regionale Wetter-, Verkehrs-, Blitzermeldungen
>
> 29 sonstige Servicebeiträge

Unterhaltung

> 31 Fiktion, Spielhandlung, Comedy
>
> 32 Quiz, Spielshow, Gewinnspiele
>
> 33 Musikwunsch
>
> 34 Call-In Talk (z. B. mit Hörer)
>
> 35 Studio-Talk
>
> 39 sonstige Unterhaltungsbeiträge

Moderation

> 40 Moderation, auch Vorschau auf das laufende Programm, z. B. für die kommende Stunde
>
> 99 andere Formate

W2 Thema des Beitrags

Hier wurde für die journalistischen Wortbeiträge (Code 11–19) das Thema des Beitrags eingetragen.

Für Informationsbeiträge (Code 11–19): Thema des Informationsbeitrags

> Hier wurde das Thema des Informationsbeitrags codiert:
>
> 1 Politik: Hierunter fielen Berichte über politische Themen und Handlungen, also politische Entscheidungen, Berichte über politische Handlungsträger und Institutionen, politische Konflikte und Konfliktthemen (z. B. Klimapolitik, Populismus, Polizeigewalt), militärische Auseinandersetzungen etc.

2 Gesellschaft, Soziales: Hierunter fielen Berichte über Themen mit weitreichender gesellschaftlicher Relevanz, wie gesellschaftliche und demografische Entwicklungen, soziale Sicherungssysteme, Rente, Altersvorsorge, Arbeitslosigkeit, Integration und Fremdenfeindlichkeit, Parallelgesellschaften, Radikalisierung gesellschaftlicher Gruppen und Kriminalität als gesellschaftliches Problem (hier auch Hass im Internet).

3 Wirtschaft: Hierunter fielen Berichte über wirtschaftliche Entwicklungen und das Handeln wirtschaftlicher Akteure (Unternehmen, Unternehmensvertreter, Banken, Verbände, Gewerkschaften etc.) und Berichte über Währungs- und Zinspolitik (soweit nicht als gesellschaftliches Thema dargestellt), wirtschaftliche Kennzahlen (BIP, Verschuldung), Handelsabkommen etc.

4 Sport: Hierunter fielen alle Berichte aus dem Breitensport und dem Spitzensport wie aktuelle Sportergebnisse, Meldungen aus Sportligen etc.

5 Kultur: Hierunter fielen alle Berichte zum Thema Kunst und Kultur wie Beiträge über Musik, Kino, Museum, Ausstellungen, Kunstveranstaltungen, Künstler etc.

6 Private Lebenswelt: Hierunter fielen Themen, die der privaten Lebenswelt der Bevölkerung zugeordnet werden können, sogenannte Alltagsthemen. Hierzu gehören die Bereiche Gesundheit, Verbrauchertipps, Haushalt, Sparen, Arbeitsplatz, Bauen/Wohnen, Familie, Kinder/Erziehung, Mode aber auch Probleme wie private Unglücke, Krankheiten, Kriminalität im privaten Umfeld (z. B. Einbrüche).

7 Human Interest: Hierunter fielen Berichte, die der menschlichen Neigung nach Sensationen sowie Klatsch und Tratsch Rechnung tragen, wie Berichte über Prominente, kuriose Meldungen, außergewöhnliche Begebenheiten etc.

8 Natur, Umwelt, Umweltschutz: Hierunter fielen alle Berichte über Natur, Tier- und Pflanzenwelt, aber auch über Naturkatastrophen (Waldbrände, Überschwemmungen)

9 anderes, bitte notieren z. B. Wissenschaft

W3 Themenherkunft

Hier wurde für die journalistischen Wortbeiträge (Code 11-19) festgehalten, ob es sich um ein internationales, überregionales, sachsenweites oder lokales Thema handelte.

1 lokal

2 Sachsen

3 überregional (bundesweit, über Sachsen hinausgehend)

4 international

9 nicht entscheidbar

W4 Wiederholung des Wortbeitrags

Hier wurde festgehalten, wenn es sich um die Wiederholung eines bereits zuvor gesendeten Wortbeitrags handelt. Eine Wiederholung lag vor, wenn der Wortbeitrag unverändert oder weitgehend unverändert (unwesentlich gekürzt) zuvor schon einmal ausgestrahlt wurde.

Beispiele: Eine Nachrichtenmeldung wurde in mehreren Nachrichtensendungen eines Tages (weitgehend) unverändert ausgestrahlt oder in zusammenfassenden Sendungen („Das Beste vom Tag") werden Wortbeiträge wiedergegeben, die bereits vorher ausgestrahlt wurden.

Keine Wiederholung lag vor, wenn der Wortbeitrag inhaltlich ergänzt (erweitert), sprachlich verändert oder gekürzt wurde.

0 keine Wiederholung erkennbar

1 erkennbar ein Wiederholungsbeitrag

W5 Crossmediale Verknüpfung

Hier wurde festgehalten, wenn in einem Beitrag auf Angebote des Senders in anderen Medien hingewiesen wurde.

Beispiel: In einer Sendung wurde auf zusätzliche Angebote hingewiesen, die man auf der Webseite findet.

0 keine crossmedialen Verknüpfungen

1 crossmediale Verknüpfungen (Details notieren)

W6 Meldungen (Klartext)

Hier wurde für jeden informativen Beitrag das Thema/der Inhalt in Stichworten festgehalten, z. B. ....

2.3.1 Modul Regionalbezug

Hier wurde codiert, ob Wortbeiträge einen regionalen Bezug (Sachsen) hatten oder nicht. Für die Feststellung des Regionalbezugs war zu prüfen:

Hat das berichtete Ereignis einen regionalen Bezug?

Haben die handelnden Personen (Akteure) einen regionalen Bezug?

Haben Urheber, Gesprächspartner, Interviewpartner etc. einen regionalen Bezug?

R1 Regionalbezug des Ereignisses

Hier wurde festgehalten, ob das berichtete Ereignis einen Regionalbezug aufweist. Hierbei galt:

1 lokaler Bezug (kleinräumig auf Stadt/Gemeinde bezogen)

2 regionaler Bezug (sachsenweit)

0 kein regionaler Bezug

9 nicht entscheidbar (Rücksprache)

Hier wurde codiert, wenn über Themen berichtet wurde, die in der Region stattfinden. Beispiel: Ein regionales Unternehmen beschließt Stellenabbau und Filialschließungen. Oder: Ein überregionales Unternehmen kündigt Arbeitsplatzabbau an. Der Beitrag beschäftigt

137

sich mit der Frage: Welche Auswirkungen kann das im Sendegebiet haben? Wie viele Menschen arbeiten im Sendegebiet für das Unternehmen? Welche Filialen könnten von einer Schließung betroffen sein?

Achtung: Bei Code 1 – Ortsnennung (R4) notieren.

R2 Regionalbezug der Akteure

Hier wurde festgehalten, ob die Akteure des Berichts einen Regionalbezug aufweisen. Hierbei galt:

    1 lokaler Bezug (kleinräumig auf Stadt/Gemeinde bezogen)

    2 regionaler Bezug (sachsenweit)

    0 kein regionaler Bezug

    9 nicht entscheidbar (Rücksprache)

Achtung: Bei Code 1 – Ortsnennung (R4) notieren.

R3 Regionalbezug der Gesprächspartner

Hier wurde festgehalten, ob Gesprächspartner, Interviewpartner etc. einen Regionalbezug aufweisen. Hierbei galt:

    1 lokaler Bezug (kleinräumig auf Stadt/Gemeinde bezogen)

    2 regionaler Bezug (sachsenweit)

    0 kein regionaler Bezug

    9 nicht entscheidbar (Rücksprache)

Achtung: Bei Code 1 – Ortsnennung (R4) notieren.

R4 Art des regionalen Akteurs/Gesprächspartners

Hier wurde festgehalten, zu welcher Gruppe regionale Akteure bzw. regionale Gesprächspartner gehören. Dabei wurde unterschieden zwischen folgenden Personengruppen:

    1 Bevölkerung

    2 Politiker

    3 Wirtschaftsvertreter (Unternehmer)

4 Künstler (Musiker, bildende Künstler)

5 Verwaltung (auch Polizei)

6 Sportler

7 Verbandsvertreter

8 Vereinsvertreter

9 anderes, bitte notieren

R5 Informationsgehalt des lokalen Beitrags

Hier wurde festgehalten, wie groß der Informationsgehalt des lokalen Beitrags war. Hierbei galt:

1 Informationsgehalt eher groß: Der Beitrag bietet zahlreiche, detailreiche, relevante Informationen.

2 Informationsgehalt eher gering: Der Beitrag bietet nur wenige, kaum detailreiche Informationen oder der lokale Bezug ist konstruiert.

9 nicht entscheidbar (Rücksprache)

R6 Ortsnennungen (Klartext)

Festgehalten wurden alle Nennungen von Städten und Gemeinden mit regionalem Bezug (Sachsen), Ausnahme: Ortsnennungen im Rahmen von Servicemeldungen Wetter, Verkehr, Blitzer.

2.3.2 Modul Hörerbezug

Hier wurde codiert, ob Sendungen bzw. Wortbeiträge einen Hörerbezug in Form von

• Hörerinteraktion,

• Hörer-Feedback oder

• Hörerinhalten aufweisen.

H1 Hörerinteraktion

Hier wurde festgehalten, ob es sich um einen <u>Beitrag mit Hörerbeteiligung</u> handelte oder nicht. Beiträge mit Hörerinteraktion sind z. B. Musikwünsche, Hörerreaktionen bei Call-ins.

Achtung: Gaben Hörer Servicemeldungen (Staumeldungen, Blitzer, Wetter), so wurde dies als Hörerinhalte (H5) codiert.

1 Beitrag <u>mit</u> Hörerinteraktion

0 Beitrag ohne Hörerinteraktion

9 nicht entscheidbar

H2 Aufrufe zur Hörerinteraktion

Hier wurde festgehalten, wenn in dem Beitrag <u>zur Hörerbeteiligung aufgerufen</u> wurde (z. B. Musikwünsche äußern, im Studio anrufen, Mails schicken, Staus und Blitzer melden).

1 Beitrag <u>mit</u> Aufruf zur Hörerbeteiligung

0 Beitrag ohne Aufruf zur Hörerbeteiligung

9 nicht entscheidbar

H3 Art der Hörerinteraktion

Bei Hörerinteraktionen und Aufrufen zu Hörerinteraktionen wurde hier festgehalten, über welchen Kanal die Hörerbeteiligung erfolgte/ erfolgen sollte. Folgende Formen wurden unterschieden:

1 via Facebook

2 via Twitter

3 via (Whats-)App

4 via Instagram

5 via Telefon

6 via Mail

7 postalisch

8 Hörer im Studio

9 anderes, bitte notieren

H4 Hörer-Feedback

Hier wurde festgehalten, ob es im Beitrag <u>Hörer-Feedback zum Programm</u> gab (Lob, Kritik, Aussagen zur Nutzungssituation, Nutzungshäufigkeit usw.).

1 Beitrag <u>mit</u> Hörer-Feedback zum Programm

0 kein Hörer-Feedback

9 nicht entscheidbar

H5 Hörer-Inhalte

Hier wurde festgehalten, ob im Beitrag <u>Hörerinhalte</u> vorkamen. In diesen Fällen waren Hörer die Urheber von Inhalten (z.B. geben sie Veranstaltungshinweise, machten Veranstaltungskritiken oder Gesangsbeiträge, gaben Rezeptvorschläge u.a.). Hierzu gehörte auch, wenn Hörer Servicemeldungen machten (Staus melden, vor Blitzern warnen, Wetterbeobachtungen ins Studio melden).

Achtung: Solche Hörer-Inhalte mussten über das bloße Gespräch mit den/der Moderator/in hinausgehen (H1); hier mussten Hörer einen kreativen Beitrag für das Programm leisten.

1 Beitrag <u>mit</u> Hörerinhalten

0 Beitrag ohne Hörerinhalten

9 nicht entscheidbar